JN254634

発達障害児と保護者を支える心理アセスメント

「その子のための支援」をめざして

古田直樹 著

ミネルヴァ書房

はじめに

わが国では、少子化が進む中にあっても、子どもの心理アセスメントへの需要は高まり続けている。例えば、京都市の児童福祉センターにおいては、年間の心理アセスメントの件数が、平成二一年は三三四五件であったのに対して、平成二五年には五〇四八件と、四年間の間に一・五倍にも増加している（京都市児童福祉センター事業概要　平成二六年度版より）。これらの相談は、児童虐待などのケースでの職権による一時保護中の検査など一部の例外を除き、必ず保護者からの申し込みによって受理されており、たとえ周囲からの促しなどがあったとしても、子どもの心理アセスメントの実施を求める保護者が大幅に増加しているということを示していると言える。そして、医療、教育、研究機関などでも子どもの心理アセスメントが実施されていることを考えると、児童福祉の最前線で見られるこのような変化は、さらに大きな全体的な動向の現れであることが推測できる。

この数年の間で、それほど心理アセスメントを通して子どもを理解しようというニーズが高まってきていると考えることもできるが、当然のことながら心理アセスメントによって明らかにされることは、その子どものごく限られた一部である。検査ツールを用いた限定的な子どもとの接点の中で得られる情報は、その子自身の実際の日常生活とその積み重ねの中から得られる情報量とは、比べ物にならない。また、例えば子どもが持つ創造力など、能動的な側面については、ほとんど知ることができないといった限界もある。しかし、子どもに負担をかけて心理アセスメントを行う以上、その子自身の発達支援につながる、できるだけ有効な情報を得ることが求められる。そのためには、限られた状況の中であっても、より包括的な視点を持って検査者がアプローチすることが不可欠となる。

本書ではまず、第1章で今日の発達障害児の支援をめぐる状況について概観しつつ、その中で、発達支援を考える上で大切にしなければならないことについて述べることにする。次に第2章では、それを踏まえた上で、発達臨床の現場で筆者が行ってきた心理アセスメントの実践を通して、子どもの包括的な心理アセスメントのあり方について検討を加えることとする。

また、保護者の依頼によって行われたアセスメントの結果は、その保護者によって納得できるものとして受け止められてこそ、実際に子どもの発達支援に活用されるのである。保護者支援という観点を欠いたアセスメントは、たとえいくら優れた結果を導いていたとしても、結局はその子自身の発達支援にはつながらない。従って、子どもにとってより有効な心理アセスメントの実施を目指すために、アセスメントから導き出されたことを、いかに保護者に伝えていくかということについて検討していくことが、実際的な問題として重要なことであり、そのことについて第3章で述べる。最後に第4章では、筆者が約三〇年間の発達臨床の現場で出会ってきた、障害をもつ子と歩む保護者から学んだことを述べる。少子化社会において、多様な子どもたちと接する機会が減る中にあって、支援者にとっての力となるのは、様々な親子に出会ってきたということであり、それを伝えていくことが、今日の社会において、特に支援者としての大きな役割であると考えている。

本書の全てが、一臨床家である筆者の体験から得られたことにもとづいて書かれている。子どもを理解する道筋は一つではなく、発達支援についての考え方やアプローチも多様である。従って、ここに述べたことが必ずしも普遍性を持つものではないが、人が人と出会い、理解を深めていく過程として捉えていただき、批判的な検討も含めて、発達支援に関わる方々の臨床活動の発展、また、障害を持つ当事者とその保護者の支援に少しでも貢献できればと願っている。

なお、第2章1節でとりあげた事例16・41及び2節・3節でとりあげた事例A～Dの保護者へは、研究をまとめることにした時点で発表の目的や方法を説明し、事例を記載することの許可を得ている。また、事例提示に際し、匿名性を守るために、事例の本質をそこなわない範囲で事例関係を変更している部分がある。

古田直樹

目次

第1章　発達障害児の支援をめぐる状況

1　弱さを持って生きるということ

（1）治療モデルと支援モデル

かなり以前のことではあるが、皮膚科医として開業している知人から、医師の間には明確なヒエラルキーがあるという話を聞いたことがある。彼によると、頂点に位置するのは、脳外科医などであり、それは、非常に高度な専門的技術をもってして手術が成功すれば、患者の命を救うという劇的な成果を得られるからだと言う。一方、最も下に位置するのが皮膚科医だということだった。なぜならば、皮膚病によって死に至ることは稀であるが、例えばアトピー性皮膚炎など、なかなか完全な治癒には至らないことが多く、華やかな治療効果が得られにくいからとのことであった。しかし、病を持ち続けて生きていくのを支えるような地味な働きを根気よく、誠実に行っていくのが皮膚科医の役割であると彼は語った。

医学的な治療モデルとして一般的にイメージされるのは、確かに外科手術のように、問題点を見つけてそれを取り除くというものになるだろう。例えば、悪性腫瘍を確実に摘出することによって、患者の命を救えることがある。たとえ悪性腫瘍であったとしても、それは患者の身体の一部であり、それを外科的な方法で摘出するということは、かなり強引な介入だと言えるが、そのような方法を取ることによって患者の命が救われることがあるということから、外科医の技術というものが尊ばれることは当然だと言える。

しかし一方で、全ての病がそのような形で治癒に至るわけではない。現代の医学では治療することのできない病も多くある。それによって命を落とすこともあるが、例えば皮膚病や慢性疾患のように、自分の身体に何らかの生きづらさを抱えつつ過ごしていかざるを得ないものも少なくはない。障害についても、それを持つものが自分自身の身体の条件として、現代社会において何らかの生きづらさを抱えているという点では、これらの病と類似しているとも言える。そのようなときに必要とされるのが、支援モデルであろう。そして、何らかの弱さを持ちつつ生きていくことを手助けしていくのが、支援者としての役割となる。

（2）子どもを支える保護者の姿勢

発達臨床の場に三〇年以上携わってくる中で、多くの印象的な出会いがあったが、例えば二歳台で療育に通って来ていたある男児の発達検査を行い、おそらく知的障害があると思うと母親に告知を行ったことがあった。母親は、翌日父親（夫）を連れて来て、「もう一度同じ説明をして下さい」と言い、私もそれに応じた。積極的な母親であり、検査の場面で「この子は知的障害があるのでしょうか？」といった問いかけに対して告知をしたように記憶しているが、今であったら、もう少し母親の質問の真意を確かめてから話し合うようにするだろう。しかし若かった私は、投げられた直球に対して、ただただバットを振るようにして打ち返してしまったのだと思う。翌日両親で来られたときの真剣な面持ちを見て、初めて自分がその場で告げたことの重大さに気付かされたのだが、私が打ち返したボールを、夫婦でしっかりと捕球しようと思われたのだろう。

その後、高校生になった彼に、療育者ではなく心理判定員として再会することになった。いつもにこにこしていた幼児期しか知らなかったので、彼と再び会えることを楽しみにしていたのだが、私の予想とは全く違って、新奇な状況に対してひどく不安が高まっていた彼は、父親と車で来所したものの、建物の中に入ることができなかった。やむを得ず彼には車の中で待ってもらい、父親からの聴取という形で心理アセスメントを行ったが、彼も保護者もともに、大変厳しい状況の中で暮らしておられるのだということを感じさせられた。

それから数年して、他の用事で来所されていた母親を偶然ロビーで見かけ、立ち話をすることができた。彼も共に来所しており、警戒している様子ではあったが、驚いたことにロビーのソファーに座って、話が終わるのを待っていられた。母親によると、慣れないことへの不安が非常に高い一方で、思い立ったことをやりたいという意志は強く、例えば、親が右を向いて左を向いたときには、もう彼の姿はなく、他都市まで行ってしまうようなこともあったと言う。そのような状態であった彼が、どうして今ここに座って待っていることができるようになったのかを尋ねると、パソコンを使うことを学び、パソコンの中で行きたいところに行けるようになったからだということだった。長期的な経過の中で、そのような発達の過程を歩むこともあるのだということを教えられたが、保護者としては、そこにたどり着くまでに、本当に生きていることが辛くなるような状況の中も歩んできたとも語られた。しかし、「今では、針の穴くらいの成長も喜べます」と、朗らかに話されたのが印象的だった。そしてまた、「おかげさまで、夫婦も別れずに来られました」と、立ち去る前に言われた。

私が支援者として何かができたわけではなく、むしろ厳しくなるであろう将来の見通しを、子育てを始めた非常に早い時期に突きつけただけだったのではないかと思う。そして実際には、保護者が予想したよりも厳しい状況の中を生きてこられたのではないかとも推察されるが、どんなに厳しいことであっても、夫婦で受け止めていこうとされた最初の姿勢を崩さずに、生きにくさを持つ彼の成長を支え続けてきたからこそ、このようなことばを言える今日があるのだと思う。また、それらの過程の中で、私以外の良き支援者との出会いもあったのかも知れない。

例えば発達検査などを行えば、標準的な発達との比較から、どれくらいの遅れがあるかとか、どのようなアンバランスがあるかなど、問題点を見つけて指摘することは、たやすくできる。しかし、医学モデルのように、その問題点をその場で取り除くことは不可能である。支援者としてできることは、様々な弱さを持って生きる子どもたちに対して、弱さを持ちつつも生きやすくなれるようにするには、どうすれば良いかを考えていくことである。そして、日々を歩む中で実際に支援の主役となるのは、その子らとともに生きる保護者なのであるから、子どもに対して行う心理アセスメントという行為は、すでに開始された支援の一部として捉え、保護者支援につながるものとして為されなければならないのだということを痛感している。

2　社会の変化が引き起こす生きにくさ

(1) 利便性と引き換えに失われる機会

障害を持つか持たないかによらず、私たちは常に変化しつつある社会の中を生きているのではあるが、近年の社会的な変化の大きさは、特に著しいように思われる。色々な利便性が図られる一方で、疎外されていっているものがあることも忘れてはならない。

例えば日本のタクシーでは、もう長らく自動的にドアが開いて閉じられることが当然のことのようになっているが、外国人から見るとこれは珍しいようである。自動車のドアの開閉時の安全確認義務は、運転手にあるので、本来ならば運転手が自らドアを開けて、乗客を乗せて閉じるところまでを行わなければならない。それを自動ドアにすることで、運転手が乗り降りする手間を省くことができるが、乗客とのやりとりは、確実に減るのではないかと思われる。自らドアを開閉してくれた運転手に礼を述べることはあっても、スイッチによる操作に対して礼を言うことは稀であろう。

また最近では、家庭用のスライドドアなどでも、力加減に関係なく閉じる前に速度が落ちて、ちょうど良い加減でゆっくりと閉じられるようになっているものもある。これなどは、忙しく活動しようとする中で、後のことを省みずに部屋から立ち去れるという点においては、非常に便利であるかも知れないが、そこでは、部屋に残された人のことを配慮するという心遣いも省かれてしまっている。ドアは静かに閉じられるので、部屋に残された人に迷惑がかかるわけでもないが、やはり便利さと引き換えに、相手のことを配慮して行動する機会も奪われていっているのである。

また、スマートフォンなどの普及により、各個人が情報をやりとりしたりアクセスすることに関しては、ここ数年で飛躍的な進歩を遂げたが、それらの機器を通してやりとりできるのは、視覚・聴覚情報といった遠感覚器官で扱えるものに限定されている。触覚や嗅覚といった近感覚器官で受容するものは、いまだメディアなどに乗せることもできておらず、個人間でやりとりをしようと思えば、現物を送るという直接的な方法しかない。触覚や嗅覚といったものは、乳児が生きていく上において、授乳場面などからでも簡単に想像できるように非常に重要な感覚であるが、大人にとっても、例えば手触りや香りなど、従来から文化として大切にされてきたものも決して少なくない。インターネットの発達により、海外の情報をたやすく得られるようになったとは言え、例えばその地で好んで食されているものの食感やにおいなど、実際に現地に行かなければ体験しきれないものについては、知ろうとしても、グルメリポーターのコメントなどから疑似体験するしかないのが現状である。にもかかわらず、部分的な情報で見知ったつもりになっているとするのならば、それは、遠感覚器官から得られる情報の偏重であり、それ以外の感覚情報を軽視していることになる。

メディアやインターネットに乗せることができる遠感覚情報は、速さが求められる現代において断然有利であり、それだけに重視されてきたのであろう。また、機器の開発により、例えば音声変換されるコンピューターが、視覚障害者の生活の助けになったりしているのも大きな進歩と言える。先述の事例のように、コンピューター操作を覚えることが、発達障害を持つ人に落ち着いた生活をもたらすことも実際にある。しかし、ある感覚器官の偏重は、ゆっくりと発達していく人や、ある感覚器官に障害を持つ人たちを疎外するだけではなく、すべての人々から、従来発揮していた力を充分に使う機会を奪っていっているのだとも言える。

（2）人は他者の助けを借りて生きる存在

一八世紀前半に米国ペンシルバニア州などにヨーロッパから移住してきた、アーミッシュと言われるキリスト教徒の一派は、いまだに電気、自動車などを用いず、主に農業に従事して生活している。黒田ら（二〇一四）によれば、そこにも一定数の自閉症児は誕生するのだが、全米での増加率から比べ、はるかに低いのだと言う。この書物の中では、農薬の使用量という観点から他国での発達障害児の増加率などとも比較検討しているが、視覚・聴覚情報だけが偏重されておらず、例えば家や教会などもお互いに人々が協力して建て上げるなど、近隣との密接な関わりを保つ生活の中で、本来的に人間にとって必要であったバランスが保たれているということもあるのかも知れない。

現代社会が求めているものとして、例えばグローバル化ということがあるが、それを支えているものが、インターネットのように遠感覚情報を用いたものであることから考えると、他国と関わりを持つ機会は確実に増えてはいても、やはり交流しているものはその一部分だと言わざるを得ない。実際に現地に赴かなければ知ることのできないものが考慮されないのだとすれば、本当にお互いのことをわかり合うというよりも、わかりやすい部分的な情報や共通のルールが重視されているだけだと言えるかも知れない。

国内では、地域社会の崩壊が言われるようになって久しい。少子化や核家族化が進んだだけでなく、今後は、単身者世帯が最も多い単身化社会を迎えるとも言われている。近隣や他者とのしがらみを受けず、ライフスタイルや時間の使い方など、個人が自由に選択できることは、各段に増えていっているとも言える。わからないことがあれば、即座にインターネットによって調べることができ、時間を問わず商品の購入もできるようになった。そのような環境が、個人主義にますます拍車をかけているようだが、同時にこれは、人を介してしか得られないことの軽視につながっているように思われる。先にも記したように、乳児が育っていく上で、身体をもつ他者との関わりが不可欠であるが、それは何も、授乳などの直接的な接触に限ったことではなく、例えば這い始めた乳児が、これからなそうとしていることが大丈夫なことかどうかを、母親の方を振り返って確認するといった社会的参照と言われる行為などにも見られるように、自分の意図を理解し、その場で応答してくれる、信頼関係のある他者の見守りがあって初めて、危険なことや社会的に承認されることなどを学んでいくことができるのである。それらが基盤にあるからこそ、やがて言語を獲得したときに、ことばを発した相手の意図を正しく理解し、また質問などを発して新たなことを学んでいくことが可能となる。インターネットなどでやりとりされる言語があるからわかり合えるのではなく、あくまでも言語獲得にいたるまでの、信頼関係に基づく身体レベルでの他者との関係性が基盤となっているのである。

ところで、個人主義の後押しもあるのかも知れないが、子どもが将来的に自立できるようにと子育てをしていく上で、〈人に迷惑をかけない〉ということが、非常に重視されているのではないかと感じる。かなり幼い子どもに対してでも、「迷惑になるでしょ」とキーワードのように用いて注意を与える親の姿を見かける。相手に不快な思いを与えないことなどは、もちろん社会生活を送る上で大切なことではあるが、もし人に迷惑をかけないで生活できることが自立であるとするならば、それは、人と距離を取って生きるということに置き換わってしまうのではないだろうか。情報網や流通の発展などによって、単身生活が各段に送りやすくなっているとはいえ、単身生活は人間が生きていく主たるスタイルではない。ライフサイクルの中で、単身生活が可能な時期は確かにあるが、乳児期に他者の存在が重要であり、いずれは介護を受けることも必要になるなど、本来的に人は、他者の助けを借りて生きる存在なのである。視覚障害者の駅からの転落事故が報道されたりすることもあるが、バリアフリーなど環境面での整備をすすめるだけでは、完全な解決には至らない。いくら文明が発展したとは言え、人は他者の助けを借りて生きるという前提は変わらない。であるから、人に迷惑をかけないことだけを目標にするのではなく、たとえ迷惑をかけることがあっても、〈人の役に立とうとすること〉を子育てや教育の中で重視すべきではないかと考える。

ここで述べたことは、当然のことではあるが、近年の急激な社会状況の変化は、特に何らかの弱さを持って生きる人たちが、非常に生きにくい方向に向かってしまっているのではないかとの懸念を抱く。そしてそれだけに、対人援助の現場において、改めて本来人間にとって大切とされていたことを、再確認していく必要に迫られているように感じさせられている。

3　本来人間にとって大切であったこと

(1) 非言語情報の重要性

二脚の椅子を背中合わせに配置し、一方に座った人を話し手、もう一方を聞き手として、日常的なできごとを話してもらった後、席を向き合わせて続きを話してもらうワークをしてみると、後半の方が各段に話し手の話し方がスムーズになるだけでなく、声のトーンも下がる。そのために、そのワークを見学している人たちからは、かえって二者間の会話が聞き取りにくくなったりもするのだが、このようなワークによって、改めて私たちが会話の中で、どれだけ非言語的な情報に頼っているかを示すことができる。電車の中などで、乗客同士の会話よりも、携帯電話での通話の方が耳につくのも、同じことかも知れない。その場に見えている相手に対しては、頷きや表情など非言語情報も手掛かりとして会話をすすめていけるが、背中合わせで話そうとするときや、電話で通話するときのように姿の見えない相手に対しては、これらの情報が不足するため、つい声のトーンも高くなってしまうようである。メールで顔文字がつかわれたり、ラインでスタンプが活用されたりするのは、非言語情報を加えることで、よりスムーズな伝達を目論んでのことであろう。

動物行動学者のコンラート・ローレンツの『ソロモンの指環』という著作の中に、彼の飼い犬についてのエピソードが書かれている。客人が来て席についたときに、その犬は机の下の定位置にいるのだが、飼い主であるローレンツと客人との会話の中で、例えば「君の考えはまだ浅い」といったように、ローレンツを攻撃するようなことばが交わされると、確実に犬が客人に噛みつくのだと言う。これは、もちろん犬が会話の内容を理解しているからではなく、客人のことばに対してローレンツが緊張して姿勢を変えたり身構えるなどの変化を示せば、脚元に伏していた犬は、たとえわずかな一部分からの情報であっても、確実に飼い主に危険が及んでいることを察知するからだということだった。このように、私たちは、無意識のうちにも非言語情報を発しており、また、多くの部分を言語情報に依存しているようではあっても、実際には非言語情報を非常に重要な手掛かりとしてコミュニケーションをすすめているのである。

ある外国人が来日して見かけた光景について話してくれたことがある。財布を落としたことに気付かずに電車から降りようとした人に、財布を拾った人が「すみません」と呼びかけ、振り返って受け取った人が、「すみません」と言い、それに対してまた渡した方が「すみません」と言ったということであった。これを英語で言うならば、最初のものは“Excuse me”であり、次のものは“Thank you”となり、最後のものは“No problem”とでもなるのだろうが、実際に交わされている言語情報は、いずれも「すみません」だけである。しかしこれが会話として成り立つのは、状況であったり、お互いのしぐさや表情、ことばを発するトーンや抑揚など、非言語情報が多く含まれているからである。逆に、ソーシャル・ネットワーキング・サービス上などでの問題は、これらの非言語情報の不足といった不自然さから生じているのだと思われる。

私たちは、一旦言語を獲得すれば、姿が見えない相手とも会話を交わすことができ、言語的な思考力によって、その場にないことについて考えをめぐらせることも可能となる。また、文字言語を獲得すれば、書物などを通して、他者の思考について知ったり、そこから続けて考えを発展させていくこともできる。その力の偉大さゆえに、例えば子どもに発達の遅れがあり、なかなか言語が獲得できなかったりすると、何とかことばを獲得して欲しいということが、保護者にとって非常に切実な願いとなることは、当然のことである。そして、発達支援を行う者にとっても、そのことが大きな課題になるのは自然なことではあるが、かといって、非言語情報を用いて交流できることの重要性を見失ってはならない。人間が共通して有しているのは、その身体であり、感情である。まずそれらを介して他者と交流できることがコミュニケーションの基盤となっていることは、いくら情報機器などが発展した今日であっても、変わることはない。

（2）ソーシャル・スキルとは

特に自閉症スペクトラム障害を持つ子らの発達支援として、ソーシャル・スキル・トレーニングということがよく取り上げられる。対人相互性に障害を持つ子どもらが、できるだけ円滑に社会生活を送っていけるように、ソーシャル・スキルを育てるという考え方は、一見当然のことのように思われる。しかし、ソーシャルというものが、もともと他者との相互性を含んだものであることからすると、それにスキルとして個人の能力を高めることで対処するには、おのずと限界があると言える。

例えば、火星に無人の探索車を送り込もうとするときに、事前準備として地球上で様々なシミュレーションが行われるのだろうが、それだけでは不充分だと言う。もし地球上であらゆる事態を想定したシミュレーションが完璧に行えるのであれば、火星は決して未知の世界ではなく、既知の世界だということになる。行ってみなければわからないことがあるからこそ、そこに行く意味があるのであり、そこで探索を続ける上で重要なことは、思わぬ事態に出会ったときに、その場で対処法を検討し、実行できる対応力なのである。つまり、通常のやり方では立ち行かないということを察知した上で、例えばその対処法について検討し、必要であれば指示を求め、それを受けとめて実行していくといった機能が求められるのであろう。

一方で、環境の方に目を転じても、障害を持つ人が、できるだけスムーズに生活できる環境を整えていくことは大切なことではあるが、先にも述べたように、完全なバリアフリーを実現することは不可能であろう。障害があるかないかによらず、人が社会生活を送る上で、予期せぬ事態が生じたり、困った状況に出会うことは避けられないことである。シミュレーションによって対処することには限界がある。まずは、自分が持っている通常のやり方では対処できないということの自覚が必要になるが、その上で、他者に指示や助けを求めることができるかということが重要である。そのことを可能にするのは、困った事態に直面したときに、信頼できる相手に頼り、助けられたという経験の積み重ねだと思う。困ったときに人に頼れるということが、一番柔軟性のある対処法であり、社会への適応能力を高めていくために優先的に育まなければならないことである。

（3）自己を形成するということ

将来や過去、他者の視点から自分を見ることの難しさ

私たちは誰でも、自分の身体がある今ここを生きている。匿名でインターネット上で遠隔地の人とやりとりをすすめていくと、バーチャルな世界の方にリアリティーを感じてしまうようなこ

ともあるのかも知れないが、現実として、自分の身体があるその位置を生きているという点では、インターネットを活用する人であっても、乳児であっても変わらない。しかし一方で、発達過程において自己というものを形成していく上では、今いる位置に留まるだけでなく、そこから一旦離れ、他の位置から振り返って自分というものを対象化して捉えることも重要になる。

例えば、何かのスポーツに取り組んでいて、練習の結果新たなことができるようになったときに達成感を感じることができるのは、かつてそのことができなかった自己の視点から、できるようになった現在を捉えることができるからである。また、将来の目標に向けてトレーニングを積むことができるのは、目標を達成してできるようになった将来の自己の視点から振り返って、そこに到達するための計画を立てることができるからである。さらに、優れた選手は、おそらくビデオで見るかのように自分自身の現在の動きを客観視し、どこをどう改善すればより良くなれるかを検討する力に優れているのだと思われる。

知的な問題は大きくなくても、自閉症スペクトラム障害と診断されていたり、おそらく該当するであろうと思われるケースの保護者からよく聞くことは、例えば学校に行く時間が迫っているのにゲームを始めてしまうなど、時間の見通しを立てて計画的に行動できないということであったり、何度も同じことを注意しても行動が修正されないといった訴えである。従来自閉症スペクトラム障害に関しては、心の理論の獲得の問題といったように、他者の視点に立つことの難しさはよく指摘されてきたが、これらの訴えは、時間軸においても、今自分がいる立場を一旦外して自己を客観的に捉えるということの難しさを示している。つまり、〝今を生きる〟ということに重点が置かれ過ぎているのだと言える。

自閉症とは、自分に閉じると書くが、これらの訴えを聞く中で思わされるのは、決して自ら自分に閉じている訳ではなく、〝今を生きる〟ことに縛られ、一旦その立場を離れて将来や過去から自分を捉えなおしたり、他者の視点から自分を見るといったことに弱さがあるために、その結果として今の自分に閉じているのだということである。子どもに注意を与えたときには謝ったりはするものの、実際には、数分経てば何事もなかったかのように同様に振る舞うなどなかなか行動が改まらない姿に愕然とさせられるといったこともよく言われるし、嘘をついて逃れようとすることから、よけいに叱ることになってしまうとも聞く。これらは、注意を与える者としては、過去の過ちを振り返らせ、今後の行動の改善につなげたいという時間軸の中での見通しを持っていても、それが共有されておらず、子どもからすると、ただ叱られている不愉快な〝今〟から逃れることに主眼が置かれているからだと考えられる。

自閉症スペクトラム障害児の自己形成への支援

このような訴えに対して、繰り返し叱っても効果がないのであれば、他の方法を取る必要があ

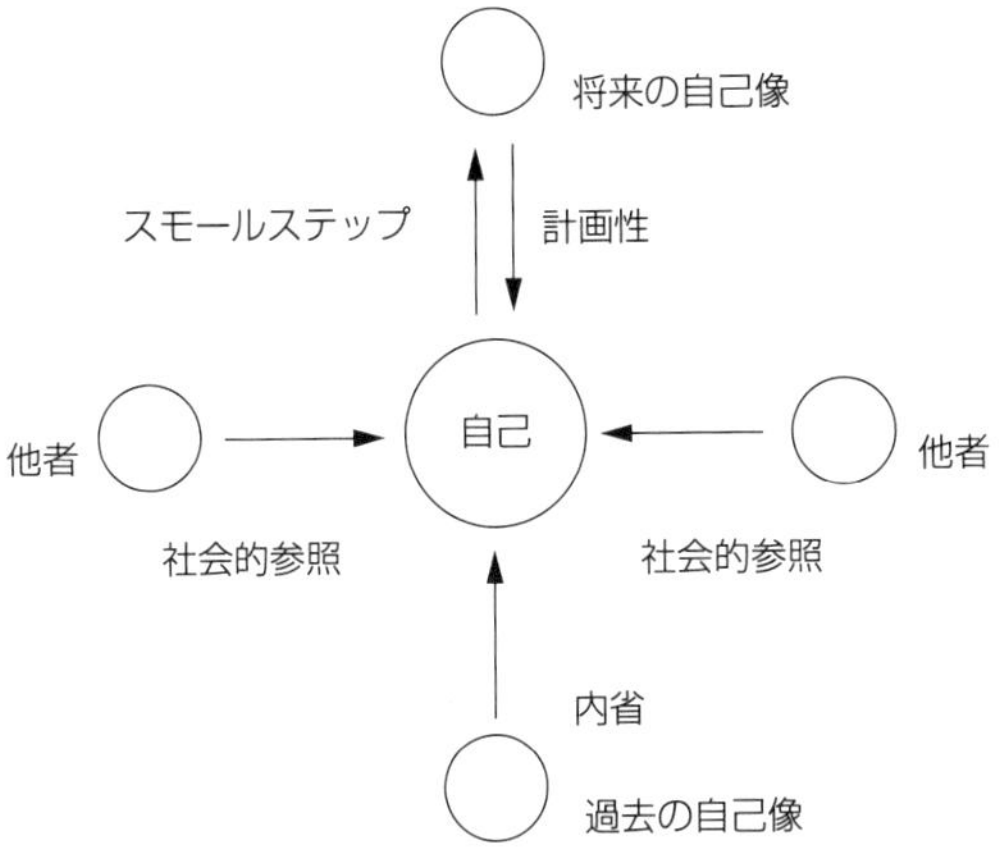

図1-1　自閉症スペクトラム障害児の自己形成の支援

ると伝えた上で、筆者は、図1－1のようなものを描いて示しつつ、対処法を提案するようにしている。支援の要となるのは、どのようにすれば〝今〟いる立場を離れやすくなるかということである。

例えば村上公也という教諭の特別支援学級での実践では、クラスの子らのそれぞれの顔写真をつけた等身大の紙人形が教室に用意してあり、注意を与えるときには、その人形に向かって真剣に叱って見せるのだと言う。直接その子に向かって叱ると、その場から逃れようとしてしまうけれども、写真に向かって叱っている姿を見せることによって、自分に対して叱られているということが客観的に捉えやすくなるのだと言う。この話を聞いたある保護者は、そう言えば、あまりにも自分が言っていることが伝わりにくく、手をあげてしまいそうになったので、とっさに思いついて、子どもの代わりにぬいぐるみを子どもに見立てて叱ると、そのときには逃げようとせずに聞いてくれていたと語った。

筆者は、文字がよく読める子については、その場で叱るのではなく、注意を与えたい出来事についてて手紙に書いてあげて、そこに必ず、これからどうするべきかという提案を書いてあげるようにと勧めている。手紙を書くことによって、保護者も冷静になれるし、子どもにとっても、叱られているという状況に飲み込まれてしまうのではなく、自分が行ったことの何がテーマとなっているのかといったことを対象化し、課題となっていることがらの全体像を把握しやすくなる。そしてその上で提案が示されていれば、比較的取り入れ易くなるだろう。まだ文字を読むことが充分でなければ、例えば四コマ漫画のように出来事を時系列的に描いた上で、今後どうすべきかといった提案も、オプションとして描いて示してあげることも、有効であると思われる。

そもそも誰にとっても、自分の失敗を振り返ることは快いことではないので、より積極的なアプローチとして、最初から肯定的な面に焦点をあて、その子がすでに行ってくれた良い行動について、「できたこと日記」のようにして親が書いてあげて、子どもが読めるようにすることも良いだろうと保護者に話している。誤った行為を修正するよりも、すでにできている好ましい行為を今後も継続していくことの方がたやすく、その積み重ねによって、結果として好ましくない行動を減らしていくことになるだろう。

障害児の支援において、よくスモールステップが重要であると言われるが、それは、一気に先を見越して自ら計画的に行動することは難しいけれども、すべき方向性が明確に示されることで、向かって欲しいと思われる方向に進んでもらうことが可能だからである。しかし、その方法を選択するにあたって念頭におかなければならないことは、なぜ単に失敗を叱って反省を促そうというやり方が適さないのかということである。おそらく彼らは、叱られる経験を数多くしてきたはずであり、「失敗から学ぶ」ことが可能であれば、すでに多くの問題は改善しているに違いない。そのようにならないのは、何が失敗であり、これからどうするべきかということを検討したり判断することが苦手であるためであり、それ故に特別な支援の工夫や必要性があると言える。

歴史的な自己像の形成を支える他者

しかし、自己形成を支援するという観点からすると、単に適応的な行動が増えるように指導するということだけで留まっていてはならない。今自分がいる立場を離れることが難しいということは、歴史的な自己像を形成していくことの困難ということにつながる。

私たちは、新生児として産まれてきたときの記憶があるわけではなく、自分が記憶しているもっとも初期のエピソードを振り返っても、一般的にはおそらく三歳くらいまでしか遡れないと思われる。自分がどのように誕生し、どのような乳児期を送ったのかということについては、実体験としてではなく、養育者からの伝聞であったり、写真などを見るなかで再構成した上で自己史として受け入れているのである。

　また、病や身の危険に侵されなければ、日常においてほとんど自分の死というものについて意識することはないかも知れない。しかし発達過程の中でみると、定型発達の子であれば、四歳くらいになると、それを明確に言語化するかどうかは別として、自分が死んだらどうなるのかといった不安を抱くようになることがある。おそらく今ここにいる自分だけではなく、明日を過ごす自分がおり、そのずっと延長線上には、死というものが待っているということが意識されるからであろう。また、死というものを意識するにあたって、自分が死を体験したのであれば、それは人生の終わりになるわけだが、物語であったり身内の葬儀など間接的なものであったとしても、他者の身に起こる死というものが、自分にもやがて訪れるものとして受け止められるようになるからこそ、それを恐れるようになるのだろう。

　いずれにしても、時間の流れの中を生きる歴史的な存在としての自己像を抱くためには、今生きているこの場から離れるということと合わせて、自分が記憶していない過去のことを補ってくれる身近な他者や、いずれ訪れる死というものを意識させてくれる他者の存在と関わりを持ち、そこに自分を重ね合わせることも不可欠となる。孤立した中では、決して歴史的な自己像は形成されないのである。

ある母親の工夫と取り組み

筆者が療育で関わっていたある男児が、療育と並行して保育所に通うようになったが、保育所でのできごとをほとんど報告してくれないことに気付いた母親が取り組んだことは、寝る前に、母親が知っているその子の一日のできごとをできるだけ時系列にそって語り聞かせてあげることであった。おそらく、保育所にいるときは、その場を生きており、家に戻れば、またその場を生きるということで、彼にはあえて園であったことを報告するという発想がなかったのかも知れない。また、園ではいくらか友だちと関わりを持っていても、家に帰ってからその友だちのことを思い返したりしているような様子もないことに母親が気付き、土曜日や日曜日を利用して、保育所の友だちを家に招いて一緒に遊ぶ機会も作るようにしたと言う。これらの関わりを根気良く続ける中で、ようやく園であったことを本人から少しずつ語ってくれるようになり、それだけではなく、母親も歴史的な時間の中を生きているということに気付いた彼から、「お母さんも子どものときには友だちがいたの？」とか、「お母さんは子どものとき、どんな遊びをしてた？」といった質問もしてくるようになったと、とても嬉しそうに報告された。この母親の工夫と取り組みの努力から教えられることは、本当に多い。

自閉症スペクトラム障害の当事者の自伝から学ぶこと

海外では、一九八六年にテンプル・グランディンの『我、自閉症に生まれて』が出版されたり、我が国では一九九六年に森口奈緒美の『変光星』が出版されるなど、自閉症スペクトラム障害の当事者自身による自伝が出版されるようになった。いずれの書物も、生きにくさを抱えつつ生き抜いてきたことが記されている。おそらく当事者の努力は、計り知れない大きなものであったとは思う。しかし、このように自伝が書けるということは、今を生きるだけでなく、どこかの時点で歴史的な自己像を獲得できたからである。

知的な能力に大きな遅れが見られないような、自閉症スペクトラム障害であったり、それが疑われるような子どもの保護者と話す中で、子どもから乳児期に自分がどうしていたかとか、自分が死んだらどうなるかという質問がなされるかということを尋ねてみると、就学前でそのようなことを聞いてくる子はほとんどいないようであり、また、例えば死ということは知っていても、自分がいずれ死ぬということには結び付けて捉えていないことが多い。発達検査や知能検査である程度の数値が得られても、定型発達であれば四歳ごろから形成し始める歴史的な自己像の獲得という点では、彼らには大きな遅れがあるようである。しかし、かなり経ってからではあっても、自伝を書ける例もあるということからは、遅れながらでも歴史的な自己像を獲得できる可能性があることも示されている。当事者の伝記には、不全感を抱き、辛かった過去のことが多く記されているが、全く孤立して生きていただけではなく、やはり彼らを歴史的な存在と捉えて、継続的な関わりを持ってくれた身近な他者の存在もあったはずではないかと思われる。その存在の重要性にもっと焦点をあて、発達障害児を育てる者への適切な支援を充実させていくことが、結果として弱さをもって生きる子らの支援につながるのだと考える。

（4）人の役に立つ経験がもたらすもの

親の役に立つ喜び

先に、子どもにとって〈人の役に立とうとすること〉が重要だと述べたが、現代における子どもの手伝いとは、必ずしも親が必要としているというよりも、将来いろいろなことができるようになるための教育的な意味合いでなされることが多いと思われる。しかし、かつて農家などでは、例えば稲刈りの時期に学校を休ませるなど、子どもらの労働力も本当に必要とされることがあった。それは子どもにとって、辛いことであったかも知れないが、自分の持っている力が、切実に親から求められているということは感じられていたのではないだろうか。

筆者自身のささやかな体験ではあるが、小学生のころ、夜に父親から、「背中を踏んでくれ」と頼まれることがよくあった。床に伏した父親の背中に乗ってバランスを取りながら歩くことも面白かったが、マッサージ効果を受けた父親が、「気持ちがいい」とか、「この重さがちょうどいい」などと言ってくれることも嬉しかった。やがてこちらの体格が大きくなってくると、気が向いたときには、「背中、押してあげようか」と働きかけることもあったが、父親が教育的な効果を持つことを意図していたかどうかはともかく、筆者が体験してきたことは、今の自分が父親の役に立てていると感じる喜びであったと感じている。

自分の力を人のために使う機会

現代の子どもは、学校で学ぶ時間が保証されているだけでなく、放課後も家の手伝いよりも塾通いなどを優先させられることが多く、学習のために使える時間は各段に増大しているが、学習したことをすぐに用いて、特に人のために役立つ経験ができるかというと、それは稀である。手伝いをして人の役に立つ機会が少ないだけでなく、学習についても、学んだことをすぐに人のために生かす機会は少なく、人のために行うというよりむしろ、その力を将来本人が用いて、自分の生活を切り開いていくことが目的とされている。そしてともすると親の役目は、導き手ではなく補佐役のように、塾への送迎や子ども部屋の確保など、子どもが学習しやすい環境を整えていくことになってしまっているのではないだろうか。

学業不振などで相談に訪れる中学生の保護者に、心理アセスメントの結果報告を行う中で、中学で取り組まれている職業体験がどうであったかということを尋ねると、ほとんどの場合、学校に通うことには気がすすまなかったりしても、その期間はとても喜んで参加していたという答えが返ってくる。自治体などによって取り組み方は違うのかも知れないが、数日間、図書館、保育所、店舗などに中学生が出向き、単に見学するのではなく、何らかの実務を受け持つという取り組みだが、そこで子どもらが体験してくることは、実際の現場において本物に触れ、かつ自分がすでに持っている力を人の役に立てることができるという実感ではないかと思われる。学校で学んでいる実技以外の科目は、学年が上がるごとに抽象度が高まっていく。抽象化ということは、実体験ではなく、シミュレートする力が求められるが、それは、今自分の身体の中にある力を、実際の対象に向けて活用する力と相反するものでもある。

受験を突破して公立高校に受かったものの、そこでの学習についていけず、私学に転校してやり直している高校生の心理アセスメントを行ったことがあった。検査を終えてから話してみると、彼は、公立高校から私学に移ったことを後悔するのではなく、むしろ移ったことが良かったと語った。理由を尋ねると、その私学にボランティア部というものがあり、それに参加した彼が、地域の祭りの後片付けなどをしていると、人からお礼を言ってもらえたということだった。そのことが自分にとって、本当に良かったのだと言う。おそらく彼は、公立高校で自分が持っている力を発揮する機会のないまま抽象度の高まっていく学習を続けるより、今自分がすでに持っている力を人のために役立てることの方が、自分の自己形成の上で重要だということが実感できたのだろう。本当に晴れやかにそのことを語る彼の姿が印象的であった。

調理という体験

日曜大工や編み物など、今日でも家庭内で手作業として行われることはあるが、一方で商品が豊かに流通する中にあってそれらのものは、必要に迫られてというより、趣味的になされることが多くなっているのではないかと思われる。しかし、調理に関しては、まだ生活の中で日常的に必要とされる創造的な手作業として残っているのではないだろうか。筆者は、ＷＩＳＣ－Ⅲ知能検査で「積木模様」や「組合せ」といった、手順を追って形を構成していく作業でうまく力を発揮できるような子どもについては、男女関係なく、保護者に調理に取り組ませることを提案することが多い。提案してみると、実はすでに子どもが好きで取り組んでいたり、やりたがっているということも少なくない。

このときに大切なのは、部分的な手伝いとして取り組んでもらうのではなく、例えばホットケーキ作りなど、ある程度安全で失敗の少ないようなものを選び、その工程をできるだけ全部本人に任せるということである。調理というのは、総合的な能力を要求される作業で、いくらでも高度化されていくが、まずは、自分が取り組んで作ったものが、人に喜ばれるという成果に結び付く体験をしてもらいたい。調理することへの動機が強まれば、レシピを読み書きしたり、数量を計算したり、より計画的に作業を行うなど、実践を通して学べることは多くあり、広く発展させていくことができる。好きなことを通しての学習こそ、身につきやすいだろう。

特定の他者と心を交わし合う経験

社会生活を送る上では、好ましい適応的なスキルを身につけることが必要ではある。また、多くの情報を活用しつつ、自分の力をより発揮しやすくなれるよう、抽象的な思考能力を高めるための学習を積むことにも意味はある。しかし、「自己」というものは、他者と心を交わし合う経験の中でしか育たない。自分の表現の受け手となる信頼関係のある相手がいて、この人にわかってもらいたい、この人を喜ばせたいといった思いから行動し、また、相手から返されてくることを通して自己形成がなされていく。

山上（二〇一四）のところに相談に訪れた、ある自閉症スペクトラム障害の青年は、自分が他者に対して自然な振る舞いができないことを自覚し、人の振る舞いを徹底的に模倣することで補ってきたと言う。本人の自己評価ではあるが、それはある程度うまくできていたと思うということだった。しかし、彼が訴えたのは、「自己の空虚感」ということであった。彼は、かなり高いソーシャルスキルを獲得していたのかも知れないが、不特定多数の他者とうまくやれるということだけでは、自己は育たないということなのだと思う。今日の社会的な状況を省みるとき、自己形成の支援という観点から、その時々の手持ちの力を用いて、特定の他者と心を交わし合っていく経験の重要性を改めて強調しなければならないと考える。

第**2**章　子どもの包括的心理アセスメントの試み

1　内的基準の活用――ＷＩＳＣ－Ⅲの実施場面に関する研究

（1）はじめに――外的基準と内的基準

今日の児童相談の現場では、従来からの障害相談に加えて、知的障害ではなくても発達障害が疑われるケースや、虐待、非行などの相談件数が増加している。それらの相談に対する心理アセスメントとして、まずＷＩＳＣ（Wechsler Intelligence Scale for Children）などの知能検査を用いることが一般的となってきている。

上野（二〇〇五）は、アセスメントに求められる倫理として、検査を使う者の人間尊重の精神が重要であることを強調している。子どもにとって心理検査によって査定されるという介入は、それ自体が傷つく体験となり得る。それだけに、子どもの貴重な時間を割いて検査を行う以上、その子自身の支援につながる、できるだけ有効な情報を得ることが、検査を行う者の務めとなる。

我が国でのＷＩＳＣの需要の拡大につれて、その活用に関する研究がなされるようになってきた。黒田ら（二〇〇七）は、ＷＩＳＣ－Ⅲの結果について、従来のプロフィール分析ではなく回答内容に注目することで、個人の認知特性について情報を引き出すことを試みている。また、岡田ら（二〇一〇）は、ＷＩＳＣ－Ⅲの実施における練習効果と安定性について調べているが、その中で、障害特性をとらえる上では検査問題の正誤分布に注目することが有効だと示唆している。これは、以前からＷＩＳＣ－Ⅲの下位検査の質的分析（大六、一九九二）として重視されてきた観点である。また大六（二〇〇五）は、ＷＩＳＣ－Ⅲの質的分析についても実例をあげているが、そこでは、必ずしも検査に対する反応だけではなく、検査中の行動観察も含めている。

かつて山口（一九八七）は、検査が満たしている標準性、代表性、絶対性といったものを外的基準として、一方で、同じ検査を同じ手順で、できるだけ同じ状況で行うことにより、検査者自身の枠組みを持った上で多くの子どもに出会うことで、単に機械的に数値を出すというだけでなく、これまで見てきた多くの子どもたちについての経験の上に、いま検査した子どもを位置づけることを可能にするものとして、内的基準の重要性について述べた。筆者も、援助的な観点から検査を行う上で、単に知能指数や発達指数を出すだけでなく、特に内的基準を持つことを重視してきた（古田、二〇〇四ａ）。そこで本節では、ＷＩＳＣ－Ⅲの実施場面において、検査以外の特定の状況に対する反応を分析することで、児童の心理アセスメントにおいて援助につながる有効な情報を得ることの可能性について検討した研究を紹介する。

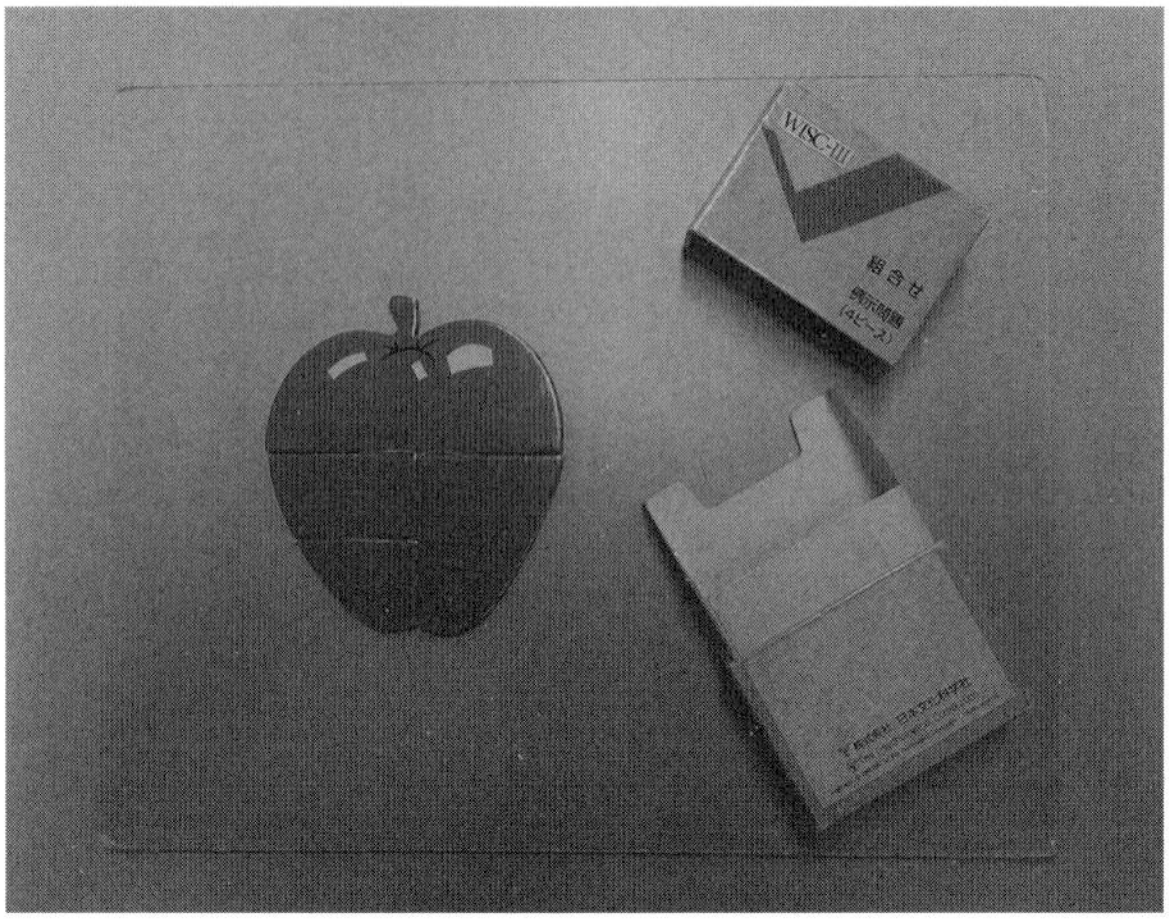

図2-1　パズル片づけ課題

（2）目的と方法

WISC－Ⅲの動作性検査の中に「組合せ」という、特定の配列で提示したピースを制限時間内に組み合わせて具体物の形を完成させる課題がある（Wechsler, 1991／日本版WISC－Ⅲ刊行委員会、一九九八）。この手続きとして、例示問題で検査者が四つのピースを組み合わせてりんごを作って見せることになっている。本来ならば、検査者がこれを片づけて最初の問題を提示するのだが、検査者が片づけるのではなく、パズルの箱の蓋を外した状態で図2－1のように提示し、〝ちょっとこれを片づけてくれる？〟と被検者に依頼してみると、大半の子はりんごのパズルを箱に入れて蓋をした上で検査者に返してくれるが、一方で、そのような反応を示さない子らが少なからずいるこ

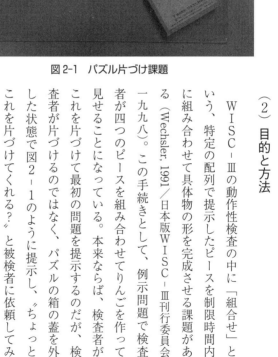

とがわかってきた。最も極端な例では、パズルを乗せてある平板の上からパズルと箱を脇にどかせて〝できました〟と答えたケースがあった。この子にとっては、検査者が言った〝これ〟とは平板のことであり、〝片づける〟とは目の前にものがない状態にすることだと受け取られたわけだが、本人は真剣に指示に応じたつもりであっても、その状況で周囲から期待されていたことからは大きくずれる結果となっている。このようなずれが、本人の学校生活などでの指示理解の弱さや不適応につながっていることは予想に難くない。したがって、以上のような場面でどのように伝え方を工夫すれば、こちらが意図したことに応じられるのかを検討することが、そのまま対象者の援助を考えることにつながると考えられる。

本研究では、ある年度に児童相談所で筆者がＷＩＳＣ－Ⅲを実施した一七八ケースのうち、上記の「パズル片づけ課題」において特徴的な反応を示した事例について、量的、質的な分析を行うことによって、対象者への理解を深め、援助につながる情報を導きだす方法を検討してみることにする。

（３）結　果

一七八ケースのうち、「パズル片づけ課題」場面で特徴的な反応を示した四二ケースについて、その心理診断名、ＷＩＳＣ－Ⅲの言語性知能指数（ＶＩＱ）、動作性知能指数（ＰＩＱ）、全検査

場面での特徴的な反応

反応
蓋に入れ始め“どうすんの？”と聞くが，時間をかけて自分で解決。
蓋の方に入れようとしてうまくいかず“なんじゃこれ”と言うが，戸惑いつつ解決。
箱に注目し，しかも蓋を横向きに入れようとする。リンゴを入れるように言うと，応じるが，返さない。
蓋に入れようとするが気づく。しかし検査者に返さずその場に置く。
蓋に入れて強引に閉じようとする。時間はかかるが自分で解決する。
容器に蓋だけしてから，“この中に入れるんですか？”と確認して修正するが，返さない。
蓋だけしようとする。パズルを入れるように言うと応じるが，ミスへの気づきはなく，返さない。
“ここに？”と確認。箱には入れるが蓋をせずに置いて“できました”と言い，返さない。
蓋だけをして返そうとする。リンゴを入れるように言うと応じられるが，ミスへの気づきはない。
蓋だけをして“できました”と言う。リンゴを箱に入れてと言うと応じられるが，ミスへの気づきはなく，返さない。
蓋の方に入れて無理に容器に詰め込み，返さない。
蓋だけをする。リンゴを入れるように言うと“これも問題の一つかな”と独り言。パズルを組んだまま入れようとし，返さない。
蓋だけをしようとする。リンゴを入れるように言うと，“どっちの箱？”と聞き，箱に入れるが，返さない。
蓋だけをしようとする。リンゴを入れるように言うと応じられる。
蓋だけをする。リンゴを入れるように言うと応じられる。
蓋だけをする。リンゴを入れるように言うと応じられる。
箱には入れるが蓋をせずに“これでいいの？”と聞いてきて，返さない。
“バラバラに？”とは聞くが，意図は理解して片づけられる。
蓋に入れようとし，“どういう意味やろ”と言いつつ検査者には尋ねず，何とか解決する。
スムーズに箱に入れるが，返さずに箱で遊ぶ。
“これ？”と確認して箱に入れるが，検査者が手を出すまで返さない。
“これを？”と聞くが，スムーズに応じられる。
“こん中に？”と聞くが蓋に入れてしまう。指摘されると修正するが，返さない。
蓋だけをする。リンゴを入れるように言うと応じられるが，ミスへの気づきはなく，返さない。
蓋に入れようとして要領よく行かず，返さない。
“えっ，どこに？”と戸惑うが，自ら状況を理解して応じられる。
“入れたらいいだけ？”と確認するが応じられる。
戸惑いつつも応じられる。
“どういう風に片づけんの？”と言いつつ自分で解決する。
箱には入れるが蓋をしない。蓋をするように言うと応じて返す。
蓋だけをする。リンゴを入れるように言うと，蓋を横にしてはめようとしたりして，返さない。
蓋だけをする。リンゴを入れるように言うと応じるが，返さずに立てて置く。
蓋だけをする。リンゴを入れるように言うと，蓋の中に入れて渡そうとする。片づけて返す形にはならない。
蓋だけをする。リンゴを入れるように言うと応じるが，返さずに立てて置く。
入れはするが，箱をながめていて検査者に返さない。
蓋に入れようとしたり要領は悪いが，応じられる。
入れはするが，箱をながめていて検査者には返さない。
“どれを？これを？”と言いつつ蓋だけをして返さない。
“どうでもいい？”と言いつつも応じられる。
パズルを組んだまま入れようとして“わけわからん”と言う。バラして良いと伝えることで解決する。
“どこに？これを？”と聞きつつ，蓋の方に入れようとし，返さない。
“何を？このリンゴ？”と問いつつ入れるが，返さずその場に置く。

表 2-1 「パズル片づけ課題」

No.	心理アセスメント	VIQ	PIQ	FIQ
1	平均知能・能力のアンバランス	100	85	92
2	軽度精神発達遅滞の疑い	60	82	67
3	境界線級知能	80	79	77
4	平均知能	94	87	90
5	平均知能・自閉症スペクトラム障害の疑い	103	100	101
6	佳良知能・自閉症スペクトラム障害の疑い	115	120	119
7	軽度精神発達遅滞の疑い・自閉症スペクトラム障害の疑い	58	76	63
8	平均下知能・自閉症スペクトラム障害の疑い	86	83	83
9	軽度精神発達遅滞・自閉症スペクトラム障害	81	54	65
10	境界線級知能の疑い・能力のアンバランス	84	61	70
11	平均知能・能力のアンバランス	106	85	96
12	平均下知能・自閉症スペクトラム障害の疑い	92	71	80
13	平均知能	110	97	104
14	軽度精神遅滞	66	69	64
15	軽度精神遅滞	67	48	54
16	平均知能・自閉症スペクトラム障害の疑い	97	89	93
17	平均下知能	94	83	88
18	軽度精神遅滞	62	66	60
19	平均下知能・自閉症スペクトラム障害の疑い	84	90	85
20	佳良知能	114	117	117
21	平均知能・能力のアンバランス	90	111	100
22	平均下知能・能力のアンバランス	86	93	88
23	境界線級知能	80	79	77
24	平均下知能・自閉症スペクトラム障害	81	83	80
25	平均知能・自閉症スペクトラム障害の疑い	110	99	105
26	平均知能・自閉症スペクトラム障害	96	101	99
27	軽度精神遅滞	72	68	67
28	平均知能・自閉症スペクトラム障害の疑い	101	96	99
29	軽度精神遅滞・自閉症スペクトラム障害	68	76	69
30	境界線級知能	72	73	70
31	平均下知能・自閉症スペクトラム障害の疑い	94	76	84
32	平均知能・自閉症スペクトラム障害の疑い	97	103	100
33	境界線級知能	82	79	79
34	軽度精神遅滞の疑い	74	69	68
35	平均下知能	94	82	87
36	平均知能・自閉症スペクトラム障害の疑い	109	93	101
37	平均知能・能力のアンバランス	95	114	104
38	軽度精神遅滞	72	62	64
39	平均知能	90	94	91
40	境界線級知能	74	72	70
41	平均知能・ADHD の疑い	104	93	99
42	平均下知能・自閉症スペクトラム障害の疑い	80	92	84

知能指数（FIQ）およびその反応について表2－1に示した。その反応の特徴別に、まずは数値的に示せることを以下に記述していく。

質問行動

はじめての状況ですべきことがよくわからないときに、指示した相手に質問ができるということは、社会適応上で非常に有効なことである。「パズル片づけ課題」場面においても、検査者に対して、〝ここに？〟とか〝入れたらいいだけ？〟など質問するケースが四二ケース中一六（約九・〇％）あった。しかし、約半数の九ケースは、質問はしたものの箱に入れて蓋をして検査者に返すという解決には至らなかった。箱に入れて蓋はできたが、検査者に返さずにそのまま置いたのが六ケース（No.6、8、13、21、23、42）。その他は、箱に入れても蓋をしなかったり（No.17）、箱に入れずに蓋だけをしたり（No.38）、蓋の方に入れようとした（No.41）のがそれぞれ一ケースずつあった。

蓋に入れようとする行動

「組合せ」課題を提示するときには、衝立の裏側で並べるという手続きになっているため、被検者は、あらかじめパズルが箱に入っていることをはっきりと見ているわけではない。それでも大半のケースは、暗黙のうちにパズルを箱に入れることが片づけることだとは理解する。しかし、そのときに、図２－１を見て蓋を開いた箱とは捉えずに、蓋の方も箱のように捉えてしまうケースが一一ケース（六・一％）あった。蓋の方にも入れようとしてもうまく入らないため、試行錯誤しつつ結果としては箱に納められることが多いが、要領が悪く、解決に時間がかかるのには違いない。これらのケースのうち、全検査指数が七〇未満の知的障害に該当する者は一名（№２）しかおらず、検査で捉えられる知能指数との関連は低い。言語性知能と動作性知能との差を比較すると、言語性知能が上回る者が動作性知能が上回る者に比べて九：二と多かった。

蓋だけをする行動

図２－１を見て〝これを片づけるように〟と言われたときに、指示に応じようとはするものの、〝これ〟という指示詞をりんごのパズルではなく、蓋が外れた容器と限定して捉えてしまい、箱に何も入れずに蓋だけをして応じたと捉えるケースが一六ケース（九・〇％）あった。これらのケースでは、ほとんどの場合〝りんごを箱に入れて〟と追加して指示することで応じられたが、そのときに自分が判断を誤ったと明らかに気づいているようなケースはなく、淡々と次の指示に応じるような形で対応していた。この中で知的障害に該当する者は六ケース（№７、９、14、15、34、38）あったが、やはり過半数は知的障害がないにもかかわらず誤った判断をしていた。言語

性知能と動作性知能との差については、言語性知能が上回る者が動作性知能が上回る者に比べて一一・五とやはり多かった。

検査者に返そうとしない行動

「パズル片づけ課題」を行うときに検査者は、衝立の裏とはいえ、次の課題を提示するために手を動かしている。最初のものを片づけるということには、次のものを準備するために手伝うという意味が非言語的に含まれていると言える。やはり大半のケースでは、そのことまでも暗黙裡に理解され、りんごを箱に入れて蓋をして検査者に返してくれる場合が最も多いのであるが、中には、検査者の真の意図は理解せずに、指示されたことだけに応じるという形で、箱に入れて蓋をしたものの、検査者には返さずにその場に置いたり、りんごが入った箱で遊ぶというケースが二四ケース（一三・五％）あった。この中で知的障害に該当するものは三ケース（№7、34、38）のみであり、大多数は検査上での知的能力には大きな問題は示されない。言語性知能と動作性知能との差については、言語性知能が上回る者が動作性知能が上回る者に比べて一六・八と、ここでもやはり多かった。

事　例

ここでは、検査の指数上では知的な障害は見られなかったが、「パズル片づけ課題」において典型的な誤った反応を示した事例を取り上げ、その臨床像を記述し、支援の方法を検討することにする。

①事例16

授業中に立ち歩いたり、苛立つと他児に手を出すことなどを主訴に来所した小学校三年生の男児。

知能指数は全検査指数が九三で平均の範囲だが、言語性の方が優位である。言語性の課題では、一週間を〝五日〟と誤ったりはするが、「単語」（口頭で言われた単語の意味を答える課題）や「理解」（日常的な場面での判断や対応について説明してもらう課題）で大きく取り違えたような説明をすることはない。動作性の課題では、「積木模様」（図版と同じ模様をブロックで構成する課題）のようにすべきことが示されていると楽しそうに取り組むが、「組合せ」では、何ができるか見通しが立てられなかったり、上下の向きの誤りに気付かなかったりする。絵の判断については、「絵画配列」（絵カードをストーリーになるように配列し直す課題）のように全体が同時に見通せるとよく判断できるが、「絵画完成」（一枚の絵の中で欠けている重要な部分を見つける課題）のように単独の絵に対しては、少し難しくなると注目点を誤ったりする。

「パズル片づけ課題」には、箱に蓋だけをする。改めてりんごを箱に入れるように言うと応じられたが、自分の判断の誤りに気づく様子はなかった。困っていることや嫌なことがあるかと聞くと、〝一つだけある〟と言い、学校で遊ぼうとしたときに上級生に場所を取られたりしていじめられることをあげる。

以上のように、日常的に経験していることや、全体が見通せたり解決の方向性が示されていることについては平均的な能力を発揮するが、自ら推測を働かせるような場面では正しい判断ができないことがあり、また、本人が誤りに気付いている様子がない。そのことが、学級での不適切な行動が改善しにくいことの一因となっているようであり、本児自身も他児との関係で不全感を抱いていることがうかがわれた。検査場面からだけでは明らかではないが、自閉症スペクトラム障害の可能性が疑われ、児童精神科の受診をすすめた（後に自閉症スペクトラム障害、ＡＤ／ＨＤと診断された）。

当面の支援の方法として、現時点で本人が誤りに気付いたり主体的に判断することは難しいようなので、内省をうながすよりも、むしろすべき行動を明確に伝わるように伝えていくことが必要だと考えられた。「パズル片づけ課題」を例とするならば、最初からりんごを箱に入れるようにと、指示詞を用いずに教示することで誤った判断をしてしまうことを低減できるのではないかと考えられた。

②事例41

感情のコントロールや危険認知が弱く、思い通りにならないと癇癪を起こし、相手を攻撃したり投げやりになったりするという主訴で来所した、やはり小学校三年生の男児。

知能指数は、全検査指数が九九で平均だが、言語性の方が優位である。両群ともに課題ごとのバラつきが目立つ。言語性の課題では、聴覚的な記銘力は優れており、計算能力も高い。「単語」や「理解」でも誤った回答はなく、よく説明できる。しかし、「類似」（二つのことばを聞いて類似点を説明する課題）では、猫と鼠の類似点を〝歯がある〟と答えるなど、極端に部分に注目した回答をすることがある。動作性の課題では、記号の模写は非常に効率よく行えるが、「絵画配列」は、カードの枚数に気をとられたりしつつ、判断を誤ることが多い。「組合せ」は、見通しなく無計画に行うために、誤りをなかなか修正しなかったり、合っているものを外してしまったりして、どれも完成しない。

「パズル片づけ課題」では、すぐに〝どこに？〟〝これを？〟と聞いて片づけようとはするが、蓋に入れようとしてしまい、要領が悪い。検査中に外でなる音に過剰に反応してドアの方を見たりする。困っていることを尋ねると、遊んでいて友だちから嫌なことをされると言い、机の上で指を人に見立てて動かしながら再現して説明しようとするが、検査者には伝わりにくい。しかし〝忘れようとしているけど、心に残る〟と言う。部屋をでるときに上着を忘れる。また、外に出ると、〝どっちやった？〟と一瞬方向がわからなくなる。

すべきことが示されているときには高い能力を発揮し、処理速度は優れているが、自ら判断する自由度が高まったときに極端に部分に反応するなどして誤ってしまい、本人がそれに気づかないこともある。これらのアンバランスが社会適応に困難を生じさせていることが考えられた。検査室の外の音に過剰に反応したり、見落としが多いなど行動上の特徴から、不注意優勢型のＡＤ／ＨＤが疑われ、児童精神科受診をすすめた。

当面の支援法として、例えば視覚的なモニタリングの力を育て、計画性を養ったりする上で、オセロやはさみ将棋のようなゲームに取り組むことが有効ではないかと考えられたが、「パズル片づけ課題」に関して言えば、最初から箱と蓋を見せるのではなく、箱だけを出して、パズルを入れられた時点で蓋を渡すようにすれば、すべきことを混乱なく理解できたのではないかと考えられる。

（4）考　察

知能検査を実施するときに、並行して「パズル片づけ課題」という独自の状況を設定すると、大半のケースでは検査者の意図を暗黙裡に理解して応じられるが、中には検査者の意図とは異なる反応、すなわち、箱に蓋だけをして片づけたと理解したり、蓋の方に入れようとしたり、箱に入れて蓋はしたものの検査者に返すことは思いつかないといったケースが少なからず存在することがわかった。しかし、これらのケースの多くは、単に知能検査の数値という外的基準で見る限りは知的障害には該当しない。それにもかかわらず、何らかの適応上の問題などがあったために児童相談所に来所することになったわけであるから、それぞれのケースが抱える困難の実態に迫るためには、なぜ「パズル片づけ課題」にスムーズに応じられなかったのかということについての分析が求められることになる。

知能検査が測定しているものは何か

ウェクスラーは、知能を「目的的に行動し、合理的に思考し、能率的にその環境を処理しうる総合的・全体的能力」と定義して知能検査を開発した（上野、一九九二）。つまり、知能検査は、与えられた課題への適応の仕方を通してその者の知能発達の状態を把握しようとするツールだと言える。そのためには、まずどのような課題であるのかということが被検者に明確にわかるように教示される必要がある。ＷＩＳＣ－Ⅲでは、ほとんどの課題で回答の仕方をあらかじめ例示したり、誤回答のときに正解を例示したりするように規定されている。たとえ最初のうちは取り違いをしたとしても、回答の方向性を示されることで課題に応じられるようになる配慮がなされていると言える。

本研究で「パズル片づけ課題」につまずいたケースの大半が検査上知的障害に該当しないということは、課題が明確に理解されれば、比較的スムーズに持っている力を発揮することが可能だということを示していると考えられる。知能検査の中でも、例えば「積木模様」は作るべき形がカードで示されているのに対して、「組合せ」では完成図が示されておらず、しかも途中から教示が「何かができます」と何が目標であるかを示さない形となる。事例16にも見られたように、「積木模様」がスムーズにできるのに「組合せ」になると能力を発揮しにくくなるケースは少ない。そのように、検査課題の中で能力の発揮のされ方の特性をある程度把握することも可能である。しかし「パズル片づけ課題」は、連続した一連の課題でなく例示もないので、咄嗟にその状況を理解する力が求められることになる。それだけに、ケースの抱えている困難が浮き彫りになりやすいと言える。

また、「パズル片づけ課題」につまずくケースの知能検査の結果では、動作性知能に比べて言語性知能の方が高いケースの割合が多かった。このことは、大六（一九九二）が述べているように、言語性知能が過去の意図的な学習や教育によって確立された結晶性知能の側面を見ているのに対して、動作性知能は新しい状況や未知の問題に柔軟に対応する流動性知能の側面を見ているという解釈に符号する。すなわち、これらのケースは、日常的に繰り返されてきたことに関連していれば、蓄積された能力によって課題に対応ができるのだが、初めて体験するような場面では、応用力がうまく働かないことを示していると言える。例えば学校の授業のように、課題が比較的明確であり、反復されるような場面にはうまく適応できても、休み時間などに他児らと遊んでいるときに咄嗟に起こったことなどに対処しにくいということが、これらのケースが抱えている困難であると言える。詳細を述べた二事例がともに、困ったこととして友だちとのトラブルをあげ、しかもそれらが解決しない不全感を抱いているというのは、まさしくこのことを示していると言えるだろう。

「パズル片づけ課題」から見えてくること

筆者が「パズル片づけ課題」を行うようになったのは、検査中に次の用意をすすめるために、全く便宜的に被検者に片づけを手伝ってもらったのが始まりであった。中には、〝自分で出したくせに〟と文句を述べたり、〝これも検査かなあ〟と疑う者もあったが、多くは、検査者の意図することを察して、スムーズに応じてくれた。箱にパズルが片づけられて返されたときに、筆者は、必ず〝ありがとう〟と感謝を述べるようにしていた。被検者が、検査者のために何かをしてあげるというそのことによって、検査を実施する者と受ける者という一方的な関係性から少しでも解放され、検査後のインタビューへの導入を図りやすいという副産物もあった。

しかし、「パズル片づけ課題」につまずくようなケースでは、そのように自分の持っている能力を他者のために生かす機会が少なく、ともすれば逆に、誤りを指摘されたり叱責されたりする体験を積み重ねることにもなりかねない。それだけに、なぜ誤るのかということを考え、それが日常のどのような場面に関連するのかということを想像し、さらにどうすればスムーズに理解できるのかということを考えることが、具体的な支援の手がかりをつかむことにつながっていく。

自閉症スペクトラム障害に特有の困難

伊藤ら（二〇〇九）は、自閉症スペクトラム障害児について、共同注視の弱さが指示詞の理解の弱さに関連していることを指摘している。蓋が開いた箱が出されて、〝ちょっとこれを片づけてくれる？〟と言われた場合に、すでにあったりんごのパズルとは関連づけず、箱だけに注目して、外れている蓋をはめることを片づけることだと誤解してしまうのが、箱に蓋だけをするという誤りだと言えるが、これは、自閉症スペクトラム障害児が文脈を無視して字義通りの理解をしやすいであるとか、One Focus であるとか、時間経過に関連づけての理解が弱く、場当たり的な対応になりがちだと解釈することも可能であろう。また、情報の統合という点では、フリス（Frith, 1989）が指摘している中枢的統合の弱さという観点からも説明ができるものと思われる。

せっかくパズルを箱に入れて蓋をしたのに、その場に置いたりするだけで検査者に返さないケースについては、何のために片づけを依頼したのかという検査者の暗黙裡の意図が理解されていないと言える。これは、やはりフリスらによって議論されてきた、心の理論の問題に関連していると考えられる。

また、パズルを箱に入れるということは理解しながらも、注意の配分の問題から、自分が注目した部分にだけ反応してしまうのが、事例41のように蓋の方にパズルを入れようとする誤りだと言える。

自閉症スペクトラム障害者の森口（一九九六）は、自身の小学校時代の回想の中で、先生の話や教科書は理解できても、日常会話の内容に対処したり、状況を察知したりすることが不得手だったとして、次のようなエピソードをあげている。それは、廊下の水道で手を洗っているときに、よそのクラスの子が口にタオルをくわえたまましゃべりかけて来たことに混乱し、〝何と言ったの？〟と繰り返すのがやっとで、けっきょくその子がタオルを口から外して水道の栓を閉め、〝蛇口を締めてくれと言おうとしたんだよ〟と言って立ち去ったというものだが、そう言われて初めて、その子がサリドマイドで手が不自由なのでそう言っていたことに気付いたのだという。

ニキ・リンコ（二〇〇四）は、自分自身の自閉症スペクトラムという障害について、端的に「編集の障害」だと語っている。例えば映画のようにすでに編集されて提示されているものを理解することはたやすくても、日常場面では、数ある情報の中から、文脈上で何が必要な情報であるかを、常に自分自身で取捨選択しなければならないが、その編集作業に困難があるのだという。

例えば知能検査の中の「絵画配列」は、誤った並べ方をされた数枚の絵カードから文脈を読み取り、正しい時系列に配列しなおすという課題であるが、日常場面では、実際の物事は経過の順序に生起するのであるから、むしろこれは非日常的な課題だと言える。しかし、数枚のカードという全体が示されれば、それを編集しなおすことは比較的容易なのかも知れない。それに比べると、パズルを箱に片づけるという「パズル片づけ課題」の方がはるかに日常的だとは思われるが、被検者からすると唐突に示されるだけに、どこまでが全体であるかを把握するのが難しく、そのために誤った部分に注目して判断してしまいかねないのではないかと考えられる。

はたしてわれわれがどのようにして正しく全体を理解できるのかということは、大きな謎ではあるが、「パズル片づけ課題」につまずくようなケースに対しては、特に咄嗟な対応が求められる場面で、正しい部分に注目できるように教示を伝える配慮が必要になると言えるだろう。

誤りを自覚しないという問題

もう一つの問題として、「パズル片づけ課題」につまずくケースの多くが、あまりその誤りを自覚している様子がないという点があげられる。詳細を述べた二事例についても、事例16では、自分の最初の行為が誤りだったとはとらえずに淡々と指示に応じて修正している。事例41ではせっかく検査者に質問をしても、自分独自の判断に基づく行為の方が先走ってしまい、修正されにくかった。何が誤りであったかに気づいていなければ，失敗体験から学んでいくことは極めて難しいと言える。彼らは知的障害がないので通常学級で学んでいくことが期待されていても，実際には他児との間のトラブルについては解決しきれない問題を抱えており，しかも，失敗体験を通して自覚的に自分の判断の誤りに気づいて修正していくことが難しいということが大きな適応上の困難であると言える。

森口やニキ・リンコのように，自分の問題点に自覚的になれれば，いくらかそれに対処することも可能となるであろう。しかし，まだ自覚的でない場合には，やはり指示詞を使わずに具体的にすべきことを伝えたり，複数のものを同時に提示するのではなく，注目すべきものを順番に提示していくといった周囲からの支援が必要不可欠であると考えられる。

「パズル片づけ課題」という内的基準の活用

もっとも，「パズル片づけ課題」に難なく通過した中にも，発達障害をもつケースが含まれていないわけではない。したがって，この課題を発達障害のスクリーニングに用いるのは誤りであるが，少なくともこの課題につまずくケースに対しては，日常場面での適応に向けて支援の方法を検討する上では有効ではないかと考えられる。また，本課題の利点として，保護者やその子の教師に対して，子どもの問題点と支援の方法を，具体的に，明確に説明できるということもあげられる。心理検査結果から抽出される子どもの能力の特性などは、ある程度抽象化されたものであるが、相手からの指示に応じて物を片づけるといった、いわば日常的な状況にどのような反応を示すかということは、日々の様子をそのまま反映しているだけに、そのケースが置かれている状況を理解し、その問題点を解決するための非常に有益な情報をもたらしてくれる。

以上のような点から、本研究の「パズル片づけ課題」のように、既成の検査だけにとらわれずに検査者が自覚的に内的基準を設定し、経験知を積み上げていくことに、実践的な支援につながり得る有効性があると考えられる。

2 表現活動を通した子ども理解

（1）子どもからの〈問い〉という視点

他者と自分自身に向けられた〈問い〉

親からのネグレクトにより、児童養護施設で生活していた小学校高学年の男の子と、プレイルームにてプレイセラピーを行っていたときのことである（古田、二〇一四）。その子は、エネルギーが高く、施設職員とともに外に出かける機会も大切ではないかということで、児童養護施設内でセラピーを行うのではなく、当時筆者が勤めていた児童相談所に定期的に通って来ていた。とても楽しみに来所してくれていたが、筆者の年齢も気遣ってくれてか、終始エネルギッシュに遊ぶわけではなかった。ただ残りの一五分ほどだけは、お互いにボクシング・グローブをはめて殴り合うということが、決まりごとのようになっていた。体格の良い子で、まともにパンチをもらわないように、真剣に防御したり、ステップで逃げることが必要だったが、あるとき、ふと打つ手を止めて、「一人暮らし？」と聞いてきたことがあった。咄嗟のことで、どのように応えようか迷ったものの、「ううん」と否定だけすると、それ以上のことを問いかけてくることはなかったが、そこから明らかにパンチが重たくなったことを覚えている。

筆者は、しばしばこのときの〈問い〉のことを思い返す。そして、子どもから発せられた〈問い〉の的確さと深さに圧倒される思いを持つ。おそらく彼はあのとき、いつも対等になって遊んでいるようであっても、何故か筆者の背後に家族の存在を感じたのだと思われる。そして、家族と離れて暮らさざるを得ない自分というものも改めて見つめたのではないかという気がする。本当に短く発せられた一言であっても、それは、筆者という他者に向けられるのと同時に、自分自身にも向けられた〈問い〉であったのだろうと考えられる。

子どもの抱えていた切実な〈問い〉

ところで、児童相談所の心理士の主な業務は、子どもの心理アセスメントを行うことである。そこでは、子どもに向けて多くの〈問い〉を投げかけ、それらに子どもがどう対処するかを観察することによって、その子どもを理解しようとする。しかし、稀に何らかの理由でこちらからの〈問い〉に応えてくれない子どもに出会ったときに、改めて、反対に子どもが切実な〈問い〉を抱えているということを感じさせられることもある。

その男の子（Aくん）は、まだ就学前だったが、非常に落ち着きがなく、母親の手に負えないということで、すでに離婚していた父親のところに預けられていた。しかし父親もその子をじっとさせるためには、暴力をふるったり紐で縛ったりせざるを得ないということで、それを見かねた親戚からの通報で児童相談所の一時保護所にやって来ることになった。一時保護所でも、稀に見る暴れようだったようで、とても心理検査は無理だろうと思われていたが、ともかく筆者が会ってみることになった。WISC-Ⅲ知能検査を用意したが、やはり素直には応じてくれなかった。しかし、応じてくれた一部の動作性の課題からは、平均的な能力を持っているのではないかということが推測できた。やがて席を立って棚の上にのぼってしまい、「楽しいときには手をたたこう」と歌をうたい始めた。Aくんの現状を思うと、決して楽しいと思える状況ではないだろうにと思いつつ、せめて人物画を描いてもらえないだろうかと誘ってみた。すると彼は、「人は描けないけど、歌なら書ける」と言って机に戻って来てくれた。いったい何を始めるのかと思っていると、先程の歌詞を書こうとしだした。しかし、就学前なので、当然知らない文字もあって、そこから筆者が書いて見せたのを写すといった共同作業ができるようになった。そして、「たのしいとき」まで描いたときに、ぱっと顔をあげ、「『とき』は、新幹線の名前やで」と言った。おそらくこのときAくんは、文字というものが音声を書きとめるだけのものではなく、多様な意味を表現し得るものでもあることを発見したのだと思われる。そこから、一緒に五〇音表を書きながら、形が似ている文字を仲間として見つけだすという遊びを展開した。次に彼は、自分の名前を書きたいと言い出した。どのように書くのかと尋ねると、「きむら　おおた　かずき（仮名）」と書くと言う。それは、両親の離婚によって、二つの姓を名乗った時期があったからであった。そしてそれを眺めていた彼は、再び顔を上げて、「僕の名前は仲間や！」と宣言した。理由を聞くと、「き」で始まって「き」で終わっているからということだった。

検査には応じてくれなかったが、晴れ晴れとした表情で一時保護所に戻ったAくんは、それ以降、皆が驚くほど落ち着いて生活するようになったということであった。筆者が後になって気付かされたのは、彼が一番の関心事として抱いていた〈問い〉は、〝自分とは、いったい何者なのか〟という、自己の存在に関わる、実に重大なものであったのだろうということである。そのときの彼は、母親からも父親からも見放されたような状態で、何も持たずに見知らぬ一時保護所に連れて来られ、これから自分が、どこでどうやって暮らすのか、皆目見当がつかなかったことだろう。そんなAくんが、唯一携えていたものが、自分の〝名前〟であった。そして、その名前が〝仲間〟なのだという彼なりの意味づけができたときに、何らかの安心感を得られたのだと思われる。

〈問い〉は関係性の中で生じる

児童養護施設に入所し、そこから就学したAくんに再び来所してもらったときには、落ち着きはないものの検査に応じることができた。結果としては、パズルなどのように視覚的な判断や作業から応用力などが捉えられる動作性知能は平均より上の数値であったが、ことばでの問いにことばで答えてもらい、日常の蓄積などを捉える言語性知能はぎりぎり平均という範囲で、大きな差が見られた。しかし、平均以上の知能を持っていることは確かだと言えた。また、言語性の課題で、〝小さい子がケンカをしかけてきたらどうしますか?〟という問いに、〝めちゃくちゃ怒る〟と答えており、今の彼には無理からぬことかとも思われた。筆者は検査の最後に、〝今困っていることなどありますか?〟と問うようにしているのだが、Aくんは、〝何もなし。僕が困らしてるだけ。いつも悪いことして〟と答えた。それは、確信犯的に、体当たりで自分という存在を受け止めてもらえるかを問える相手と対話しているということだと思わされた。

彼が〝自分とは，いったい何者なのか〟という重大な〈問い〉を抱えていたことに，筆者は全く気付けなかったのであるから，当然私がその〈問い〉に答えられたわけではない。偶然，彼が自分で答えを見つけるのに立ち会ったということだと思われる。そしてこともあろうに筆者は，そのような重大な〈問い〉を抱えているAくんに対して，知能検査の課題として，「にわとりの子どもを何と言いますか？」といった，彼の生存とはまったく関わりのないような〈問い〉を投げかけて答えてもらおうとしていたのであった。

これらの例からもわかるように，子どもからの〈問い〉は，実に貴重で意味深いものであることがある。私たちが心理検査などを用いたアセスメントによって捉えることができるのは，子どもが投げかけられた〈問い〉に対して，受け身的な立場で発揮した認知能力の一部や，反応の傾向でしかない。それに対して，子どもからの〈問い〉は，子どもの主体から発せられたものであり，その子が今，何を知りたいと思っているかということから，それぞれの子どもを理解していくことにつながるはずである。また子どもは，時として〈問う〉ということによって自己形成を図ろうとし，主体的な表現の中で自分を見つめ，作り上げていくのだとも言える。

しかし実際には，心理アセスメントという限られた場面で出会っただけの検査者に，子どもがこれほどまでに重要な〈問い〉を投げかけるということは，通常では考え難い。セラピー場面などでこれらのような〈問い〉が生じるのは，おそらく子どもらが，セラピストを問うに足る存在だと認めたからであると考えられる。通常子どもが抱える深い思いが〈問い〉という形で表現されるには、関係性を築き、共有されたときを過ごすといった経過が必要である。

(2) 表現活動への着目

人物画検査

心理アセスメントという限定的な場面において、子どもの主体的な活動からその子自身についての理解を深めるための試みとして、描画などに代表される表現活動への着目ということがあげられる。子どもの個性は、標準化された既製の検査結果にではなく、むしろ表現の中にこそ現れると言っても良いだろう。定型発達児の場合、三歳ごろまでには閉じた円が描けるようになるが、同時に見立て遊びの力も育ち、描かれたものが単なる円ではなく、食べ物などの意味を持つようになり、ほどなく中に小さい円を二つ目のように加えて初歩的な人物画を描き始める。そして、同じように見えるパターンであっても、それが母親や自分であるなどと意味づけも行うようになる。

グッドイナフが一九二六年に人物画の量的な変化に注目し、五一のチェックポイントから得点化を行い発達年齢を導き出せる人物画による知能検査を発表した。人物画の発達過程には、まず顔を描き、やがて顔から手足が出ているような頭足人となり、その後身体も描けるようになるといったように，一般的な量的変化が見られる。従って簡易な検査であるにも関わらず，発達検査や，知能検査の動作性知能の結果を裏付けるような数値が得られることが少なくない。

しかし，子どもがどのような思いでその人物を描いたのかという質的な点に注目することも重要である。場面緘黙傾向にあった小学二年生のある女児が描いた人物画は，ほぼ左右対称に描かれ，腕や脚などに動きが感じられず，緊張の高さを感じさせるものであったが，何よりも，両眼が強い筆圧で塗られていたのが印象的であった。緘黙があるため，本人にこの絵について説明を求めることはしなかったが，彼女の緊張の高さのかなりの部分が，人から見られていることへの強い意識から来ているのではないかと感じさせられた。筆圧が強くなる部分に，描き手の意識が集中していると言われており，彼女に対しては，周囲の者が，どうすれば話せるようになるかということに過度に注目するのではなく，例えばコラージュをして遊んだり，一緒に調理をするなど，ことばを用いない柔らかい表現活動の機会を増やすことが，まずは大切ではないかと考えられた。

筆者がこの検査を行うときの教示は，「一人の人をできるだけ全部描いてください」と言うようにしており，描き終えてから「誰を描いたの？」と尋ねるようにしている。自分を描いたという子も多いが，母親を描いたなどと言う子も多い。人を描くように言われたときに，誰を思い浮かべて描いたのかということは，その子が自分自身のことを対象化して捉える力が育っていることや、その子が心に抱く重要な他者がいることを知る上で重要な情報となる。

しかし、自閉症スペクトラム障害と言われるような子どもたちからは、誰を描いたのか聞いても、「わからない」という答えが返ってきたり、「人」と回答されることが少なくない。また、そのときの描かれ方について言えば、臨床経験的には、女児は人物画を描くという経験が多いからか、パターン的ではあってもかなり整ったものを描くことが少なくなく、中にはファッションに関心が高く、ハイヒールなど細部まで描くことすらある。しかし、男児については、一般的な人物画の描き方とは異なった、非常に個別的な描き方をすることが少なくない。例えば、イメージに基づいて描くのではなく、身体を描くときに自分の身体と見比べつつ模写しようとしたり、顔を描くときに、直接見ることができない自分の顔の部位を触って確認することもある。また、本人にとって初対面ではあるが、目の前にいる検査者を模写しようとすることもある。描く順番についても、頭からではなく、一筆描きのように袋状に頭以外の身体を描いてから頭を描いたり、輪郭を描いてから顔の中のパーツを描いたりすることもある。

一般的な人物画が顔から描かれ始めるということは、顔が描きやすいという単なる技術的な問題ではなく、人をイメージしたときに、やはり顔がその人を代表するものとしてイメージされるということもあるのだろう。一方で、上記のような事例は、自己像も含めて人というものに対して独自の捉え方をしつつ発達をしていく子どもたちがいることを示していると言える。

樹木画検査

樹木の絵を描くということは、人物画に比べて、日常的なことではない。描こうとすれば、ある程度の描写技術も必要とされるので、小学校低学年以前くらいの子に描いてもらったとしても、そこにあまり象徴的な意味を読みとろうとすることには無理があるのではないかと筆者は考えており、一〇歳くらいから実施するようにしている。

樹木画検査（バウムテスト）については、すでに多くの研究がなされているが、筆者は、「一本の木の絵を描いてください」という教示で描いてもらった後、「これはどんなところに生えている木？」「季節はいつごろ？」「この木はこれからどうなっていくかなあ？」「この木のことを気に入っている？もし変えるとすれば、どうだったらいい？」といった定型的な質問を行うようにしている。一本の木を、自己の投影として描いたのであれば、これらの質問から、今の自分をどのように捉えており、また将来展望がどのようになっているのかといったことを知ることができるからである。

例えば、葉が描かれず枯れ枝のように見えても、それが冬の木であって、これからまた葉が育っていくと捉えているのかも知れないし、たとえ本人がこの木を気に入っていないと言ったとしても、「もう少し枝が描けたら良かった」などと改善点を見いだせているのであれば、現状に不満はあったとしても、周囲とより良いつながりを持ったり将来に向けて力をつけたりしていければ良いといった展望は抱いていると見ることもできる。

しかし、人物画と同じように、自閉症スペクトラム障害と言われるような子どもたちの中には、どこに生えているかという問いに、真顔で「土」と答えたり、これからどうなるかという問いに、紅葉して落葉して再び葉が生えるといったように、一般的な木のライフサイクルを説明する子が少なくない。木というものを描くように言われたから描いたというだけであるならば、これらの描画を自己像を投影したものとして過剰に解釈してしまうことはよくないだろう。しかし、たとえ知能検査などで平均くらいの数値が出ていたとしても、描画活動などにおいて自己を投影して表現することが苦手であるとすれば、自分自身を客観的に捉える力も弱く、自己形成においては課題があると言うことができるであろう。

ある中学二年生の男児は、部活動で慕っていた先輩が引退した後、同年齢の部員とうまくいかなくなり、不登校状態になっていた。知能検査では平均下の能力であった。しかし、言語性の課題で、敬語をつかうと良いのはなぜかという問いに正確に回答できたのに、検査者に対して敬語を使うことはなく、また腕や脚を組むなど、尊大とも思えるような態度を、故意にではなくとっているようであった。そのように、知識や知的な能力と実際の振る舞いとの間にギャップが見られ、診断は受けていなかったが、自閉症スペクトラム障害の可能性が考えられた。彼に樹木画を描いてもらうと、検査者に断るようなことはなく、先ず窓枠のようなものを描いてから、そこから見えている幹と枝だけを描いた。おそらく、根元や枝の先をどのように描写すれば良いのかが思いつかなかったからではないかと思われたが、自分にとって何か困難と思えることがあったときに、援助を求めたりすることなく、自分なりに解決を見出してしまうところに彼らしさが表れているように感じられた。というのは、不登校になったことに特に葛藤を覚えているようではなく、自分が外出したいと思えば外出もしており、学校に行かないということが、問題であるというより、むしろ本人にとって一つの解決になっていたようにも見えたからである。

彼が不登校になってから母親は、本人のだめな点を指摘するよりも、やってくれた手伝いなどに関して褒めることを増やしたことで安定してきたようだということをすでに見出されていたので、筆者はその方向性を支持した上で、今後は、少し難しい手伝いなどをしてもらうことで、本人がわからないことを質問してきたときに、質問したこと自体も褒めてあげることによって質問行動を育て、人に頼って解決する経験を積んでいければ良いのではないかとアドバイスした。

星と波テスト

子どもによる自己表現の中には、例えば〝世界は安全なのか？〟であるとか、〝私はどこへ向かえば良いのか？〟といったように、必ずしもまだその子自身が明確に意識していない〈問い〉が含まれていることもある。

小学二年のときの事故で脳脊髄液減少症となったBくんは、ひどい頭痛や身体を起こし続けておくことが困難なこともあり登校が難しくなった。小学四年生のときに一度児童相談所で筆者が心理アセスメントを行い、中学三年生となって二回目の検査で来所した。WISC－Ⅲ知能検査の結果は、家庭で学習を独自にし続けたからか、言語性知能は平均の範囲（VIQ九一）となっているが、新しいことに対処しようとするときに、解決方法を見いだすのに時間がかかるため、動作性知能は、軽度精神遅滞の範囲（PIQ六九）となっている。これは、小学校四年生のときの結果と全く同じ傾向で、基本的には理解力はあると言えるものの、おそらく登校できていたとしても、皆と同じペースで学習していくことは困難だったのではないかと推察された。

中学三年生になったBくんは、体調は以前に比べると良くなってきているということだった。しかし、将来なりたいものを尋ねても、〝今はまだあまり考えられない〟と答える。良くなってきたとは言え、今でも三〇分間続けて着席して検査に応じることが難しい状況を考えると、将来展望が持ちにくいのも仕方ないようにも思われた。ただし高校については、各自のペースで学ぶことを目的とした単位制の新設高校ができるので、そこを目指したいと語った。

そのような彼が、世界をどのように見ているのかを知りたいと思い、「星と波テスト」を実施した（図2－2）。これは、ウルスラ・アヴェ＝ラルマン（Ursula Avé-Lallemant, 1994）によって開発されたものであり、A5サイズの枠づけをした用紙に、鉛筆で、海の波の上に星空の絵を描

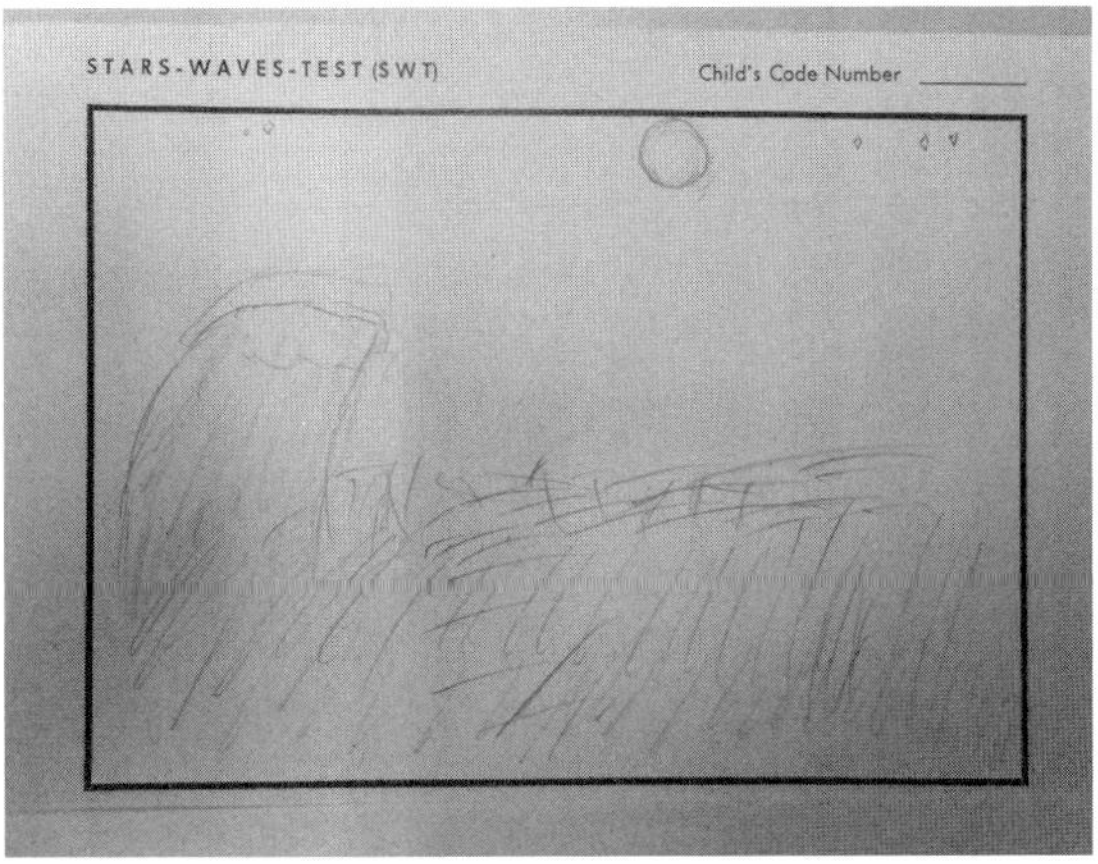

図 2-2　Bくんの星と波テスト

いてもらうテストである。波は感情的な世界、星空は理性的な世界を投影していると言われている。

目を奪われるような大きな津波だが、幸いなことにかなり左（過去を示す領域）の方に描かれている。とはいっても、海の波は定まらず、黒く大きな範囲を占め、星は画面上方にごくわずかしか描かれていない。月は、オリエンテーションを表すと言われており、ここではBくんが目指したい高校なのかも知れない。もっと体調が良ければ普通の高校を目指したかったと語っていたが、彼が未だに抱えている混乱の大きさを目の当たりにしたようで、筆者としては、無理せずに通える新設校での高校生活によって、星空が豊かになり、波が穏やかになればと思わされた。この描画を見た母親も、普段は事故のことをほとんど口にすることがなくなっていたのに、まだ大きな影響を残しているということを知ったと語られた。Ｂくんにとって、意識の上では目指すべき方向性はかなり明確であっても、特に感情的な面においては、まだまだこの世界が安全なもので、コントロール可能なものであるとは体験されていないのではないかということを、この描画は語っているように思われる。しかし、このように描画活動を通して、Ｂくんの中で未だ十分に言語化されていないものも形を得て、それが新たな自己形成へと向かう契機となり得るのだと考える。

当然のことではあるが、子どもはそれぞれ、固有の個別的な体験を通して自己を形成していくのであり、子どもの包括的な心理アセスメントを試みる場合、その子から世界がどのように見えているかという、その子の内側からの視点に立とうとすることが、必要不可欠となる。それは従来から、プレイセラピーなどで時間をかけて試みられてきたことではあるが、限定的な出会いの中であっても、このようにある程度の様式や枠組みを用いることで、かえって非常に端的に把握することが可能な場合もある。

3 「家族関係の模式図検査」の活用

（1）はじめに

児童相談の現場におとずれる子どもは、様々な生きにくさを抱えていると言える。そのような子どもの状態を捉えるべく心理アセスメントが行われるわけだが、浜田（二〇〇九）は、テスト場面で子どもたちがどのような能力・特性を示したかということと、その能力・特性を持って子どもたちがどのような生活世界を生きてきたかということとのあいだには、大きなギャップがあると言い、問題を個体としての子どもの能力・特性に還元して考えることの危険性を指摘している。また岡本（二〇〇九）は、教育の問題に関連してではあるが、言語獲得に向けての教育に重点が置かれている現状を指摘し、言語使用が思考（認知）の中でどう働き形成され発達していくかということに注目することの重要性を述べている。これらの指摘は、子どもを理解しようとする上で、認知だけでなく表現という側面にも着目する必要があるということを述べているものと思われる。

実際に就学前の療育現場では、従来は幼児の遊びの中での表現活動ということが最も重要視されていたはずなのに、いかに子どもに状況理解をスムーズに行わせるかということに一番の力点が置かれるようになってきている現状が少なからずある。心理アセスメントの現場でも同様に、WISC－Ⅲに代表されるような知能検査の結果が最も重視され、まずは子どもの認知特性を捉えることが志向されがちである。しかし、知能検査のように、何が課題であるかがわかりやすい場面では問題解決が行えても、日常的な場面でその力がスムーズに発揮されるとは限らない（古田、二〇一二）という点にも留意しておく必要がある。

子どもが抱える生きにくさということについては、社会状況の激しい変化ということも決して無視はできない。実際に児童相談所で関わるケースの多くが親の離婚を経験していたり再婚や内縁関係であったりし、家族状況が流動的になってきている。かつてのように、家族療法による介入を試みて、家族力動を調整することによって問題解決を図ろうにも、安定した家族メンバーがそろわないという現状が少なくない。それでも子どもにとっては、身近な大人や同胞らとの間で生活世界を切り開いていっていることには変わりない。

筆者は、心理アセスメントの場面で出会う子どもが、身近な人間関係をどのように体験しているかを知る手だてとして「家族関係の模式図検査」を考案し、実施してきた（古田、二〇〇四b、二〇〇四c、二〇〇六）。そして、表現の機会や手段さえ整えば、身近な家族との関係性を子ども自身がどのように体験しているかということについて、かなり雄弁な表現が行えることを見てきた。

子どもの表現活動を通した心理アセスメントということでは、従来からバウムテストや動的家族描画法などの描画検査が用いられてきたが、この検査の利点は、あえて模式図を描いてもらうことにより、心理士などが解釈するのではなく、例えば保護者が見てもわかりやすい端的な表現となり、それだけにメッセージ性が強くなるということがあげられる。また、似たものにゲーリング（Gehring, T.M.）の Family System Test（ＦＡＳＴ）（築地、一九九七）があるが、本検査は特別な用具を必要とせず、ＦＡＳＴが人形の高さを変化させるのに対して、大きさの変化を用い、さらに腕を描いてもらうことにより、距離だけでなくつながり具合を見ることができるという点で異なる。

本節では、改めて子どもの認知特性だけでなく、表現活動ということに注目し、また、子ども個人を捉えるだけでなく、その子どもが周囲の関係性をどのように体験しているかということを視野に入れたことで、より包括的な心理アセスメントを行い、支援の方向性を示すことができた「家族関係の模式図検査」の活用例を、具体的な事例を通して紹介していくことにする。

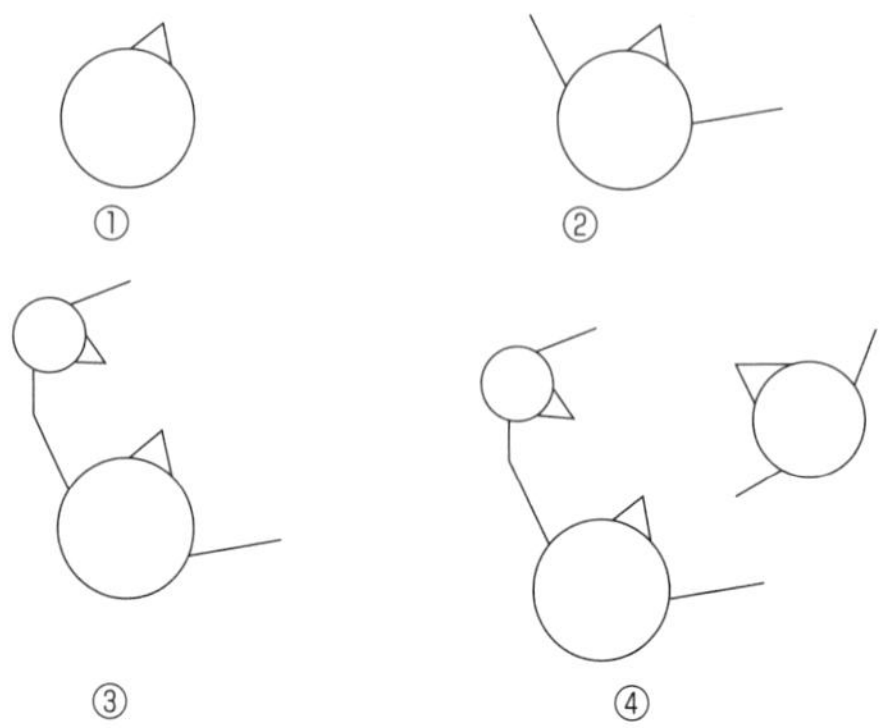

図 2-3 「家族関係の模式図検査」実施時に例示する図

（2）家族関係の模式図検査について

本検査の実施手続き

Ａ４サイズの画用紙を横長方向に提示し、鉛筆と消しゴムを置く。検査者が別紙に、次のように教示しつつ例を描く。

「これから人を描いてもらいますが、少し変わった方法で描いてもらいます。人を上から見たとして円を描き、鼻を描いてその人の向きを表してください（図２－３①）。これは、こっちを向いている人です（鼻の向いている方を指差す）。また、腕を描いてください（②）。この人とつながっている人で、こっち（指差す）を向いている人がいたとしたら、このように描き（③）、手をつないでいなくて、違う方（指差す）を向いている人がいても構いません（④）。大きさも自由です。これで三人になります。このようにして、あなたの家族を全て描いてください。」

被検者が描き方を理解できたかを確認し（不明な点について質問があれば、上記の教示に沿うような形で再度説明し）、検査を開始する。検査者は、被検者が描いた人物の順番を記録しておく。描き終えた後に、どれが誰を表しているかをたずね、記録して検査を終了する。

検査の適用可能性

自分自身を対象化して描くためには、一定の象徴能力が必要とされる。一般に三歳くらいの子どもは、人形を自分に見立てて扱ったり、簡単な自画像も描くようになったりするが、本検査のように、他者と同等に自分を扱うためには、家族の一員としての自分といったように、かなり自己を客観的に捉えることが求められる。そのような能力がいつ頃獲得されるかということについては、個人差もあると思われるが、六歳七カ月でＷＩＳＣ－Ⅲの全検査指数が九九（平均知能）の子どもで、本検査に応じられた例がある。また、一七歳六カ月で知的障害があり、新版Ｋ式発達検査の全検査指数が四七（中度精神発達遅滞）で、発達年齢が七歳九カ月の子も描くことができた。その他、非公式に本検査だけを行った例で、保育所年長の女児が描いたこともある。これらのことから、一般的に六歳後半くらいの発達年齢に達していれば、実施可能性があると考えられる。

本検査は子どもの関心を引くようであり、今まで提案した中で描くことを拒んだ子どもはいない。バウムテストや人物画検査のように、自ら構成することを求められる課題には応じられなくても、本検査のように、ある程度の表現の様式が与えられることでかえって取り組める例もある。ただし、自閉症スペクトラム障害がある場合には、検査には応じても、例えば単に横一列に配置されていたり、大人と子どもを分けて等間隔に並べられているだけであったりと、本人が家族の関係性をどのように捉えているかが読み取りにくいものになることが少なくない。浜田（一九九二）が指摘するように、自閉症スペクトラム障害児には他者とのパースペクティブのやりとりそのものが難しく、相互主体性の確立に困難があり、「他者の視点」が見えないということは、自分自身を客観視しにくいということでもある。そうなれば当然、本検査のように自分も含めた家族メンバーの関係性を俯瞰的に捉えて表現することにも困難が生じることとなる。もっとも、本検査だけでスクリーニングが行えるわけではないが、知能検査などで発揮する高い能力に比べ、本検査であまりに表現性の乏しさが見られた場合、自閉症スペクトラム障害の可能性を疑ってみることもある。逆に言うならば、一般的に六歳後半くらいから子どもたちは、かなり的確に自分と家族との関係を捉えており、本検査のように表現の機会さえ与えられれば、それを明確に表現することが可能だと言える。

なお、ケースによっては稀に、「あなたの家族を全て描いてください」という教示にもかかわらず、全員を描かないような場合もある。例えば、父親から身体的虐待を受けていた子どもは、対象児と母親のみがわざわざ家以外の場所にいるという設定で描いた。村瀬（二〇〇三）は、家族の病理がきわめて深い深刻な虐待ケースの場合、現実ではなく、まずは子どものイメージの中での家族を扱うことから治療的端緒を摑んでいかざるを得ないと述べているが、このケースのように、母親は安全基地となり得ても、家庭内において安全感を得られない危機的な状態であれば、侵入的になりすぎるため、いきなり本検査を実施するのではなく、まずは子ども自身の中で安全感を感じられるような治療的なアプローチを優先すべきだと思われる。

本検査の評価と解釈

まず人の向きについて、本検査を実施すると、半数近くは家族全員が輪になって内側を向いていたり、同一方向を向いているように描く傾向がある。そのような場合、おおむね家族関係が良好なのだとは考えられるが、他の情報などから総合的に判断すると、必ずしも現状を表現しておらず、理想を描いていると思われるものや、前述のように、自閉症スペクトラム障害児の場合、関係性を俯瞰的に表現するという発想自体が持てていない場合もあるので、解釈に注意を要する。また、保護者（大人）が全く本人の方を向いていない場合は、ネグレクト状態にあるか、本人が家族内で疎外感を抱いているなど、大人からの支持を充分に得られていないと感じている可能性がある。

　つぎにつながりについて、対象児が誰と手をつないでいるように描くかは、家族内で誰に近しさを感じており、支えとなっているかを考える指標になると考えられる。身体的虐待を受けているケースでは、虐待者と手をつないでいるように描くことは極めて稀であるが、反対に家族メンバーの誰かとは手をつないでいるように描くことが多く、そこが重要な支えとなっていることがうかがえる。

　また、腕のつながりと関連する場合が多いが、自分の近くに誰を描くかも、家族内での関係の深さを示していると言える。しかし、近くにいながらも互いに違う方向を向いていたり、一番遠くにいる人物が大きく描かれていたりする場合などは、その人物の存在感の大きさを感じながらも、現状ではうまくつながりが持てていないことを表現しているとも考えられる。

　子どもによっては、どこまでを家族として描くのかと質問してくる場合もあり、「家族と思うところを描いて」と伝えるようにしているが、特にそのような質問がなくても、当然のようにペットも家族と見なして描く子どもたちもいる。子どもの家族像の推移について村瀬（二〇〇三）は、一九八七年と二〇〇〇年との調査の比較において、二〇〇〇年の調査で、ペットを家族として定義し、気持ちを打ち明ける相手に選択している例があるということを示し、親と子という世代の境界が曖昧となり、どこかに護りの薄さを感じているようだと指摘しているが、ペットと自分を同等の大きさに描く子は少なくなく、村瀬が指摘した状況は進行しているのではないかと思わされる。

人物の大きさについては、父親を一番大きく描くのが一般的な傾向だと言える。これは単に身体の大きさを反映しているとも考えられるが、中には、四年前に離婚して不在であるにもかかわらず父親を最も大きく描いたケースもあり、子どもにとっての存在感の大きさを示しているとも言える。一方で、年下の弟や妹との間に葛藤を抱えていると思われるケースでは、年下の同胞よりも自分を小さく描くことがある。ここでも、単に身体のサイズというより心理的なサイズとして表現していると考えられる。バウムテストでは自我の萎縮などの兆候が見られない場合でも、本検査では本人が極端に小さい場合があり、そのようなときには、より明確に家族の関係性の中での自己をどう捉えているかが表現されていると受け取れる。

描く順番については一般的に、最初に描く者が家族をイメージしたときの存在感の大きい者であると考えられるが、自分自身を一番に、それも最も大きく描く場合には、自己中心的であると同時に、家族関係を対象化して捉えることができておらず、自他理解の未熟さを示しているとも言える。

児童相談所で用いる意義

少子化による子ども人口の減少にも関わらず、虐待、非行、不登校など、多くの児童相談所では相談件数が増加し続けている。そのような中で、個々のケースに継続的な関わりを持つことが困難になっている現状がある。一方で、例えば従来からの障害相談のように、保護者などからの主体的な相談だけでなく、子どもの福祉のために、児童相談所の側から積極的な介入を行うことが社会的にも期待されている。しかし、それらのケースには、少なくとも表面上の相談ニーズは高くないために、ここでも継続的な関わりを持つことの難しさがある。それだけに、子どもの心理アセスメントを行い、その結果を活用していくためには、長期的な改善計画を立てるよりも、当面できそうなことや、今まであまり問題視されていなかった新たな視点に焦点を当てることで、効果的な変化を期待するというブリーフセラピーの手法が有効になる。

加えて、前述のように、流動的な家族状況を生きている子どもたちが少なくない中、子どもが現時点でどのような関係性を生きているのかということに焦点を当てることは、その子自身への理解を深める上で非常に重要なことだと考えられる。

（3）事　例

筆者が児童相談所において子どもの包括的な心理アセスメントを試み、「家族関係の模式図検査」を一つの契機として保護者や関係機関に対して介入し、支援の方向性を検討することができた例として、二つの事例について述べることにする。児童相談所では、新たな相談に対して、まず児童福祉司が家庭や学校などでの様子について社会調査を行った上で、必要があれば児童心理司に心理アセスメントを依頼し、その結果を心理司が保護者や関係機関に説明して対策を検討する形となるが、上記のような事情の中、心理司が継続的な関わりを持つケースはまれである。ここにあげた事例も継続的な関わりを持ったものではない。

事例C

①概要

登校途中にライターを拾い、通学路から外れて置かれていた段ボールに放火するという触法行為のため、警察からの通告により触法相談として児童相談所が関わるようになった小学一年生の男児。家族構成は、両親と兄との四人家族。就学前に保育所や保健所などで問題を指摘されたりすることはなく、今回の事件が起こるまでは、特に学校から児童相談所などへの相談をすすめられるようなこともなかった。

検査の日は、検査室に向かう途中で勝手に廊下を曲がろうとするため、横を歩いていた検査者にぶつかることが二度あった。部屋の番号を伝えると、それを目標に行けた。検査室で着席には応じられるが、検査者がやり方を説明している最中に鉛筆を取って始めようとした。好きな科目は図工で、苦手なのは国語とのこと。好きなことは運動をすることだと言う。

②検査の結果

本児のWISC－Ⅲの結果は図2－4の通りであった。動作性知能指数が九九と平均の範囲であるのに対して、言語性知能指数は八二で平均下であり両者に乖離が見られる。

言語性の課題について、検査者が言った数を繰り返して言ってもらう「数唱」で、五数の復唱ができることがあるのに三数で誤ることがあるなど、能力がコンスタントに発揮されない。口頭で出された問題に暗算で答える「算数」でも、簡単な問題を誤るが、計算力はあって繰上りの問題に答えられたりする。二つのことばの似ているところを説明する「類似」や、ことばの意味を述べてもらう「単語」では、例えば〝猫と鼠〟の類似点は〝走る〟と答え、〝うさぎ〟ということばの意味には〝跳ねる〟と答えるなど、動作に注目した回答をしており、〝動物〟といったように概念化して捉えることが難しい。「知識」で一年の四つの季節と問われても、季節という概念が難しいようで〝わからん〟と答える。日常的な場面での判断を尋ねる「理解」では、〝あなたが、友だちのボールをなくしたときは、どうしたらよいですか。いくつかあげてください〟という問の中の〝いくつかあげる〟という意味を取り違えて〝ひとつ〟と答えた後に〝わからん〟と言う。〝お店の中で財布が落ちていたら、あなたはどうしたらよいですか〟という問いには、

	言語性検査						動作性検査						
	知識	類似	算数	単語	理解	数唱	完成	符号	配列	積木	組合	記号	迷路
	7	10	9	7	3	8	8	9	11	12	9	8	

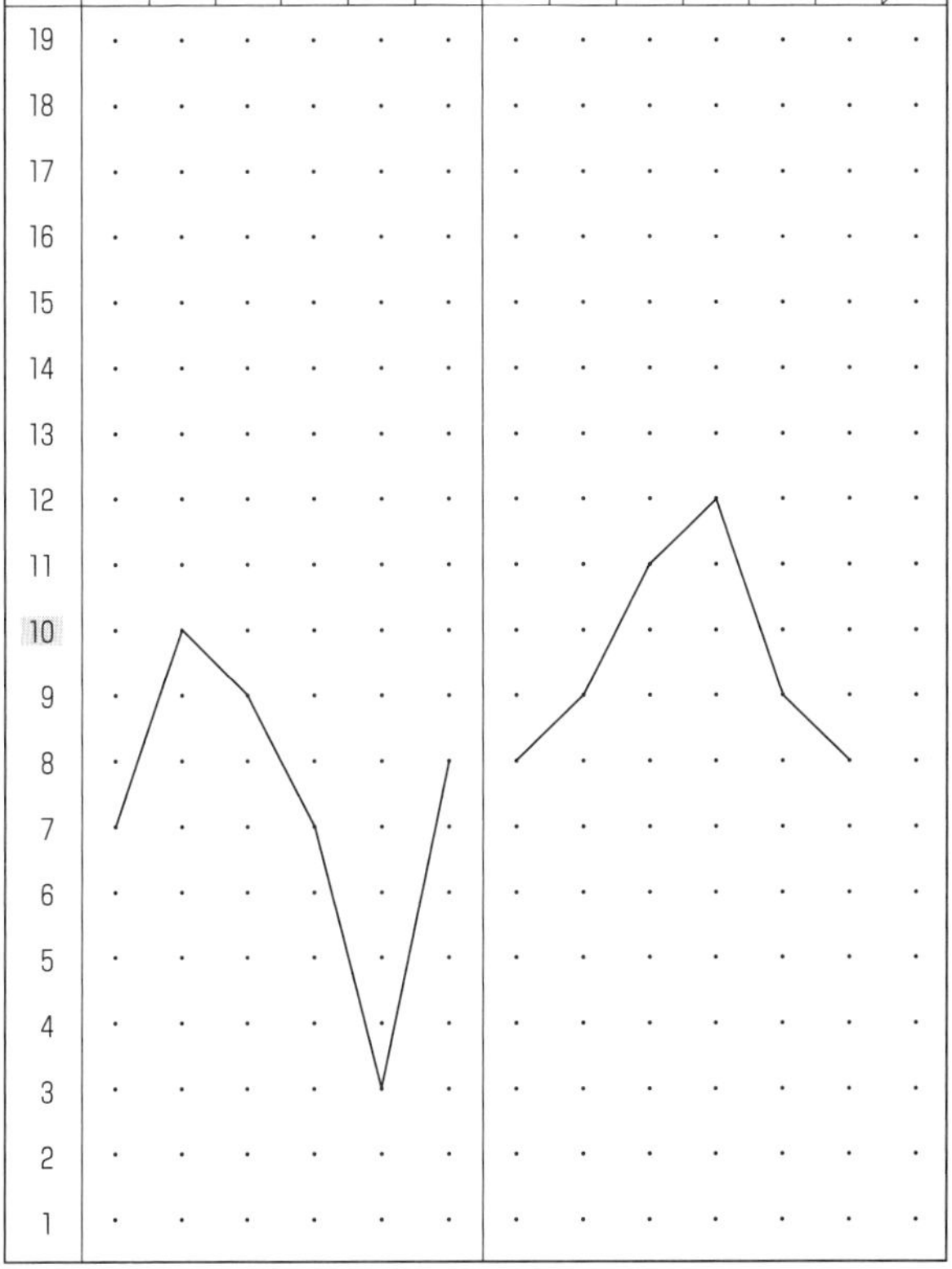

全検査知能指数 89　（言語性知能指数 82　動作性知能指数 99）

図 2-4　事例Cの WISC-Ⅲ検査結果

〝拾っとく〟と、一見社会的に不適切だと思われる回答をするが、やはり続けて〝わからん〟と言い、説明を諦めてしまうような面が見られた。

動作性の課題については、決められた記号を模写する「符号」では誤ることなくほぼ平均的な能力を発揮するが、ある記号が三つの記号のグループの中に含まれているかどうかを判断する「記号探し」では、作業量は多いものの二一問中五問と二割以上誤る。一枚の絵の中の欠けている部分を見つける「絵画完成」や、絵カードをストーリーになるように並べる「絵画配列」では、簡単なもので誤ることがあるのに、難しいものを解決することがあるなど、著しく正誤分布がバラつく。ブロックで図版と同じ形を構成する「積木模様」のように、すべきことが示されていると平均以上の解決能力を示すが、パズルを組合せて形を作る「組合せ」のように、完成した形が示されていない場合は、意外と難しいものができる反面、簡単なものであっても計画がうまく立てられずに諦めてしまうことがある。

人物画を描いてもらうと、友人を描くが、耳や鼻などはなく、グッドイナフ法で採点すると一五点で五歳レベルと境界線級の能力発揮となる。ここでも表現力の弱さが感じられる。

本児が描いた「家族関係の模式図」は図２‐５の通りである。

描いた順番は、母、兄、父、本児となっている。検査者が例示したもの（図２‐３）とは全く異なっており、これは、本児独自の表現だと言える。家族全員が一応つながりを持っており、明

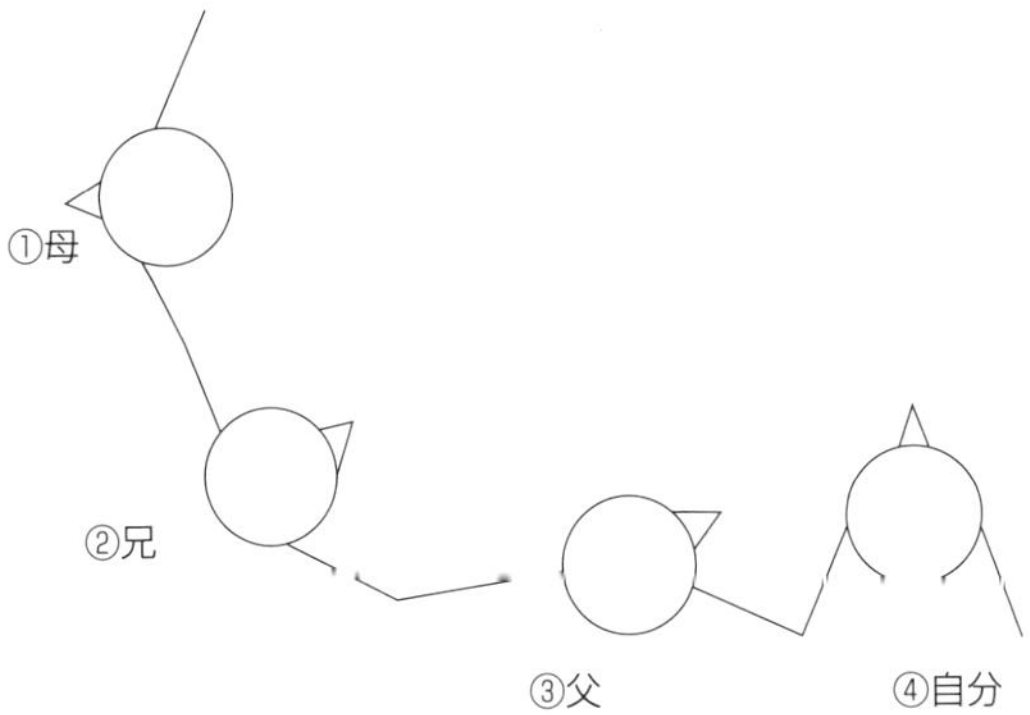

図 2-5　事例Cの家族関係の模式図

（注）　被験児がフリーハンドで描いたものを模写したものである。説明の便宜上，図形の横に描いた順番と人物を記す。

らかな関係の分裂があったり、誰かが疎外されているようではないが、父親は、あたかも飛び出そうとする本児を抑えるかのように手をつないで本児の方に注目しているように表現されている。大きさは全て同等で、そこからは存在感の差異などは読み取れない。むしろ兄と自分は対等のように感じているのかも知れない。しかし、一番に母親を描いたことから、本児にとっての存在感の大きさがうかがえる。ただしその母親は本児から最も遠くに描かれており、本児は母親のことを重要視しつつも、あまり関わりを持ってもらえていないと感じているように見える。また、母親と父親は背を向ける形となっており、本児からすると両親があまり協調していないように見えているのかも知れない。

③支援の方法

以上のような検査結果を踏まえて両親に来所してもらい、本児の心理アセスメントの結果を伝えつつ、再犯を防ぐための支援の方法について提案を行った。

まず、本児の知的な能力については、大きな遅れがあるとは言えないが、能力のアンバランスが見られることを説明した。多くの課題で正誤分布のバラつきが見られるのは、大六（二〇〇五）が指摘しているように、潜在的な能力はあっても、注意の配分の仕方に問題があると言える。また、言語だけでなく人物画に見られるように描画活動も含めて表現力の弱さがあることを指摘した。

注意の配分の問題は、加齢によって改善していくことも考えられるが、今回のような触法行為に対しては、現時点では、言語的に内省を深めることによって抑止することは難しいと思われた。従って、当面の対策としては、まずは通学路を外れないような指導をすることが優先される。そのためには、目標とするものが示されると適切な行動が取れる面があるので、例えば通学路でもオリエンテーリングのようにチェックポイントを決めて印をつけるようにしていくような具体策が必要となると伝えた。

もう一つの課題である表現力をいかに育てていくかということは、より大きな課題となる。本児に、〝もし魔法使いがいたとして、三つお願い事ができるとしたら何をお願いする？〟と二度尋ねても〝わからん〟と答えたが、〝サンタさんに何をお願いしているの？〟と聞けば、〝ゲームのカセット〟と答えられた。前者の問いは、その場で空想してみたことを表現するようにと求めており、それに応じることは難しかったが、本児の中に願い事がないわけではなく、すでに願っていることについては述べることができている。同様に、本児にとってはいきなり人物画を描くように言われたときに、特定の友人をイメージして描こうとはしたものの、表現としては幼いものであった。それに対し、すでに本児が体験している家族関係については、かなり雄弁なものを表現していると言える。というのは、本児の父親は自宅で自営業を営み子どもたちの身近にいることが多いのに対して、母親は出張などがあるフルタイムの仕事に出ており、外泊することも少なくないということであった。そのために、長男には目立った問題が見られないが、落ち着きのない本児に対して注意を与えたり対処したりするのは父親であることが多い。また、仕事の都合から夫婦がともにいる時間は限られており、本児が母親と接する時間も限られているという。従って、本児がなぜこのように表現したのかということは、両親ともに充分に理解できるということであった。

そこで筆者は、本児が母親を一番に描いたのは、本児にとっての母親の存在感の大きさを示しているものと思われるということを伝えた。本児の現状としては、ことばで表現することは諦めてしまうことが少なくないが、すでに体験したことについて表現する力はある。表現活動のためには、受け手の存在が重要になるが、本児の「家族関係の模式図」からは、本児と向き合う人の不在が示されている。表現活動の受け手として、父親だけでなく母親がどのような役割を取れるかを見直していくことが重要ではないかと告げ、そのことは両親ともに了解された。具体策として、例えばアルバムの写真を見ながら実体験をもとに親子で過去を振り返って話し合う時間を持つことや、母親に時間的な制約があるのであれば、もう少し文字を書くことや文章構成の力が育つのを待つ必要があるが、母親との間で手紙のやりとりや交換日記を行うことなども、表現活動や母親との関係性を育てていく上で有効ではないかと伝えた。

心理アセスメントの結果や保護者に対して行ったアドバイスについては、後日学校の担任にも説明し、上述のような登下校時の見守りをお願いし、児童相談所としての関わりは終結した。その後本児が再犯するようなことはなく、スポーツ活動に熱中し、適応的な生活が送れているという報告を受けている。

事例D

①概要

小学六年生の男児。小学校の高学年になってから、学校で教師に乱暴なことばづかいをしたり、ノートをとることなどの指導に従わなくなったりしてきている。家庭でも、例えば病弱な姉に対してバカにした発言をしたのを母親が咎めると、逆に母親を攻撃したりするなどして、保護者が対処に困っているということで来所した。家族構成は、両親と姉と弟との五人家族。成育歴は、普通分娩で、始歩一二カ月、初語一二カ月と特に遅れはなく、保健所や就学児健診で指摘を受けることはなかった。ただし、四歳のときに熱性痙攣をおこし、てんかんと診断を受けて投薬中。これまでに児童相談所への相談歴はなかったが、小学校に入学してから、友だちから言われる冗談を嫌がったりして登校しぶりがあった。これは、母親が学校と相談して解決を図っている。

検査時の様子は、検査者の挨拶に応じて挨拶はしたが、消極的な印象。難しい問題にはわからないと言って良いと伝えたが、そのように言うことに抵抗があるのか、小声になったり黙ったりする。しかし、自ら質問したりと、回答への意欲は見られる。好きな勉強をたずねると、〝分数とか〟と言うが、続けて苦手な科目を聞いたのに、〝好きなのは社会〟とも言う。再度苦手なものを聞くと、〝算数がちょっと苦手〟と、やや矛盾したことを言うが、苦手だけれど分数は好きなのかと本児が言わんとしたことを要約して問い返すと、そうだと同意する。好きなことは、バスケットボールをすること。担任はどんな先生かと聞いても女の先生としか言わない。どんな感じの先生かと聞くと、〝普通やな〟と言う。怒られることがあるかと聞くと、授業中友だちにわからないことを聞いていても叱られるという意味のことを語るので、検査者がそれを再度要約して確認すると、〝そうそう〟と我が意を得たりという感じで答える。今困っていることはと聞くと、友だちから蹴られたり嫌なことをされることがあると言う。先生は知っているのかと聞くと、言うほどのことでもないし、言ってもどうせ自分で解決しろと言われるとの答え。中学になってやりたいことを聞くと、バスケットボール部に入りたいが、土日も活動があるのが困る、家族で遊んだことがないので、土日は休みたいのだと言う。

②検査の結果

本児のＷＩＳＣ－Ⅲの結果は図２－６の通りである。

動作性知能指数は平均下だが、言語性知能指数は境界線級で、全検査指数も境界線級となっている。

言語性の課題について、「数唱」のように機械的に聴覚情報を記銘することはできるが、意味把握が弱いようで、「算数」では掛けるべきところで足してしまったりする。ただし、時間はかかるものの割算の暗算ができるなど、基礎的な計算力自体は持っている。知識の蓄積などはある程度なされているが、「単語」で〝従う〟の意味について〝指示する〟と誤った説明をすることがある。「理解」で、〝小さい子がケンカをしかけてきたら〟という問いには〝わからない〟と答える。知能検査の後に、他者からストレスをかけられた場面の絵を見てその反応傾向から社会性の発達や特徴をみるＰ－Ｆスタディを実施しようとしたところ、例題から記入できなかったため、取りやめることとした。やはり他者から迫られたときにうまく自己表現ができず、対応に困るこ

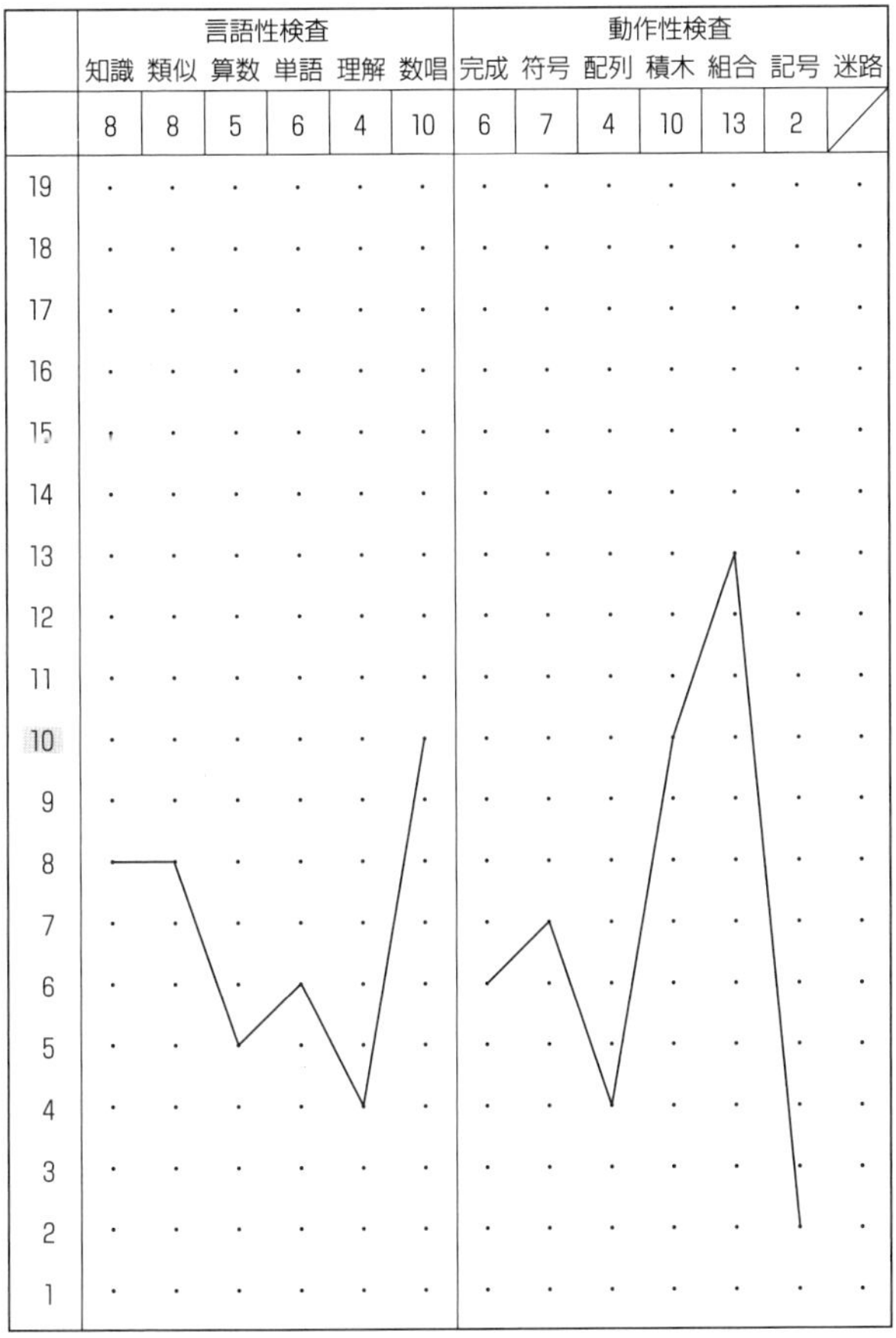

全検査知能指数 79　（言語性知能指数 76　動作性知能指数 86）

図 2-6　事例 D の WISC-Ⅲ検査結果

とが少なくないようである。

動作性の課題について、記号の模写を行う「符号」は、効率は悪くても誤ることはないが、二つの記号の内のどちらかが五つの記号のグループの中に含まれているかを判断する「記号探し」は、二三問中五問と二割以上誤る。二つの記号を同時に処理することが難しいようである。絵を見て判断する「絵画完成」や「絵画配列」は、解決に時間を要することが多く、難しくなると解決できなくなり、ここでも意味把握の弱さがうかがえる。しかし、図形の操作を行う「積木模様」や「組合せ」は、全体を見通さずに部分から作っていく傾向はあるものの、かなり高い解決能力を見せる。

本児が描いた樹木画は、用紙の左下から描かれた幹が、用紙の中央くらいで左右に大きく分かれ、そこから細かな枝がたくさん出ているが、葉はないものであった。森の中などにある木で季節は夏くらい。これから葉が散っていくとのこと。この木を気に入っているかと聞くと、〝普通〟と言うが、葉っぱが描けたら良かったとも言う。描かれたものからは、外圧を受けており、将来への希望がうまく見いだせずにいるように思える。本児なりに改善点には気づいていても、現時点では自己肯定感が低下しているような印象を受けた。

本児が描いた「家族関係の模式図」は、図2-7の通りである。

描く前に、〝手をつなぐの？〟と聞いたので、どちらでも良いと伝える。その結果、検査者の

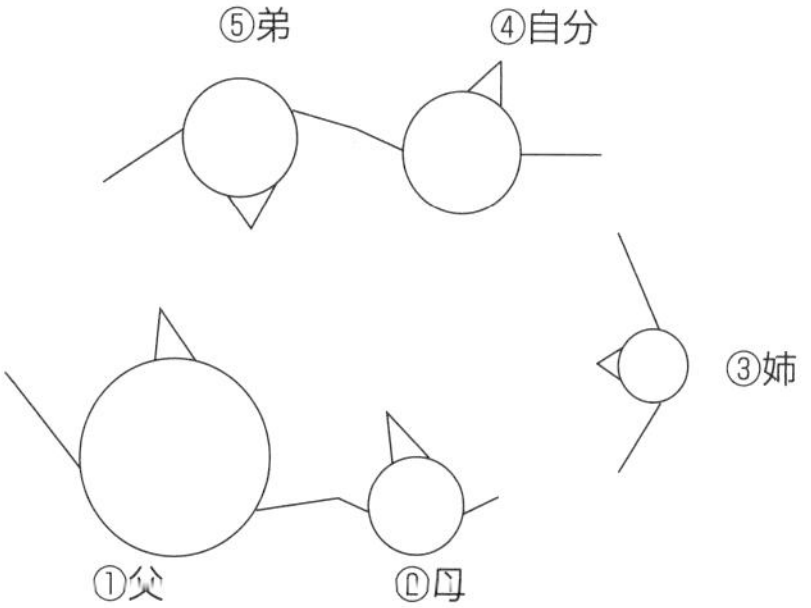

図2-7　事例Dの家族関係の模式図

例示とは異なった、やはり本児独自の表現が見られた。

父、母、姉、本児、弟と年齢の順に描く。最初に描かれた父親が極端に大きく、本児にとっての存在感の大きさがうかがえるが、母親は本児や弟よりも小さく描かれている。父と母、本児と弟がそれぞれ手をつないでおり、姉とはわずかに離れている。同胞らの中で、本児だけが両親に背中を向けており、両親から疎外されているように見える。姉が極端に小さいのに対して、五歳年下の弟の方が大きく描かれていることから、同胞間の葛藤を抱いているようである。両親は、どちらかと言うとこの弟の方を向いていた。つまり、本児の中で父親や弟の存在感が非常に大きいのに対して、母親や姉のことを過小評価しているようであり、また、家族から距離を取ろうとするよりもむしろ疎外感を感じているように見受けられる。本児にとって、表現の機会さえあればこのような雄弁な表現ができることから、他者から迫られる形での自己表現や、ことばだけで表現することは苦手であっても、充分に表現内容を抱いていることがうかがえた。

③支援の方法

以上のような検査結果を踏まえ、母親と面接し、本児の課題と支援の方向性について説明を行った。

知能面については、視覚的な情報処理の速度が遅かったり、意味を捉えることが苦手で、表現力も不足しているなどの問題は抱えているが、「家族関係の模式図」からは、弟とは手をつなぎながらも同胞中で本児だけが両親に背を向けている様子から、家族を拒否しているわけではなく、むしろ疎外感を抱いていることが示唆される。また、姉が自分より小さいのに対して、かなり年下の弟と同等の大きさであることから、姉のことを過小評価しているのに、弟のことは逆に過大評価してしまっているような同胞間での葛藤を読み取ることができる。最初に極端に大きく描かれた父親は、本児にとっての存在感の大きさとともに、その父親が自分の方を向いていないということは、父親から評価されていないという思いを表現しているようである。これらのアンバランスから生じる情緒的な問題が、将来の展望を持つことを困難にし、自己評価を落としていることの一因であるとも考えられると伝えた。

ここで母親から、病弱の長女だけでなく、次男にも発達上の心配があり手がかかっているのだということが初めて話された。そのような中で本児は、小学校五年生になってから学校で他児とのトラブルを起こしたり、家でも姉との間でよくもめるなどの変化が出てくるまで、大きな問題はないと思いあまり省みることがなかったということを振り返り、このように表現されているのは理解できるということだった。中学校でバスケットボールをしないとは言っていたが、筆者に説明したような理由は親に語っていないということであった。実際に父親の仕事の都合などで、土日に遊びに行く機会はほとんどないという。学校の図工は好きなのに、時間内に仕上げることができないという話も出された。これらのことから、主に次の二点をアドバイスした。一つは、具体物を扱って組み立てたりすることについては優れた能力を持っているので、本児が自分のペースで何かを作り上げ、それが人の役に立つ機会をつくることで有能感を持たせ将来への展望を育てること。具体的には、本児が料理をするのが好きだということなので、その機会を増やし、本児が作ったものを家族が喜んで食べてあげるようなことが有効ではないかと告げた。もう一つには、関わりは薄くても本児にとって存在感が大きい父親との関係を見直したりして、家族関係を調整することと、本児の表現力を育てること。具体的には、例えば本児のバスケットボールの試合の様子を写真などに撮っておいて、それを題材として父親と話す機会を作ることなどを提案した。

　後日学校の担任にも結果説明を行った。学校においては、明らかに反抗的ではないのに指示が入りにくいということだったが、担任は意識して本児を誉めるようにしており、誉められたことは本児が母親に報告しているということであったので、その関わりを継続していくようにすすめた。また、コミュニケーションの取り方を学ぶという目的で通級学級に通っているということだったが、本児の弱いところを育てるだけでなく、すでに持っている力が学校で認められるように、例えば本学級で使うものを本児が工作する時間にしてみてはどうかと提案した。

その後の経過についてのフォローは行えていないが、中学に進学してからの再相談などは生じていない。

（4）考　察

家族関係、子どもへの関わり方を修正する機会

表現活動は、表現内容、表現方法と、その受け手との関係で成り立っていると考えられる。「家族関係の模式図検査」は、直接には表現方法に関わるわけであるが、表現するためには、子どもが自分も含めて家族の関係をどのように捉えているかという表現内容を抱いていることが前提となる。

事例Cのように、小学一年生であっても、このような表現の契機が与えられれば、かなり雄弁な表現が行えるということは、すでに表現内容を抱いているということである。また、事例Dのように、知能検査での指数が若干低くても豊かな内容の表現が可能な場合もある。両事例ともに、

現時点での表現力の弱さが見られたが，それはあくまでも言語表現力や文章構成力という表現方法から見た評価である。しかしそれは，表現内容が乏しいということではない。心理アセスメントを，子どもの能力・特性を把握することだけに焦点化させて行うならば，そのことを見逃すこととなる。

また，その能力・特性に関しても，現時点で未獲得である弱点に注目し，その克服を考えるだけでは，せっかくすでに有している能力を発揮していく機会が損なわれる可能性もある。特に事例Ｄのように自己肯定感が低下している場合には，子ども自身が手持ちの力を生かして人の役に立つ体験をしていくことが重要であると考える。

加えて両事例に共通するのは，現時点で特に大人が自分の表現の受け手となってくれていないと感じているということがあげられる。せっかく表現したい内容があっても，その表現を受け止めてくれる受け手の存在がなければ，表現活動を育むことは難しい。

「家族関係の模式図検査」で表現されたようなことを仮に言語で表現しようとすれば，かなりの言語力が要求されることになる。しかし本検査は，たとえ言語表現力が低くても，比較的取り組みやすく，また模式図というシンプルな表現をとることでかえって明確なメッセージ性のあるものとしてその受け手に届けることができる。そして，新たな表現方法を得たことで表現されたものは，周囲の者に新たな気づきを与えてくれることが少なくない。両事例ともに保護者は，子どもからのメッセージを否定せずに受け止め、子どもの問題行動を子どもという個体の問題に還元してしまうのではなく、子どもが家族との関係性をどのように体験しているのかということに注目し、家族の関係について再考し、子どもへの関わり方を修正する契機としてもらえたようである。

子どもの表現を保護者に読み解いてもらう

ところで日比（一九八六）は、動的家族描画法について、投影法であるために、その解釈は流動的でなければならないと、解釈仮説の生硬な適用について戒め、解釈の規範は被検者の内側に求めるべきであり、検査者が外側からあてがう尺度では決して ないと述べている。本検査も同じく投影法であり、やはりその表現内容をいかに理解するかということについては、被検者自身に問うべきことであると思われる。しかし筆者は今まで、被検者自身に問うということはしてこなかった。それは、ほとんどが一回限りの検査場面での関わりという時間的な制約が大きかったからであるが、短時間で深い内容についての表現が示されるだけに、子どもが表現したものを保護者に伝えることでブリーフセラピーとしての効果を期待できるからでもあった。

もともと本検査の一つのヒントとなったのは、家族療法のシステムズ・アプローチであったが、現在の活用法としては、むしろナラティヴ・アプローチに近いのではないかと感じている。というのは、システムズ・アプローチにおいては、セラピストが観察したことをもとにアプローチがなされるが、ここでは検査者が解釈するよりも、なぜ子どもがこのように表現したのかということについて、保護者に読み解いてもらい、それを検査者が聞くという形をとっている。これは、グーリシャン（Goolishian, H.）らが言う、「無知の姿勢」（野口、二〇〇二）に通じるものではないかと思われる。保護者が相談に訪れるのは、子どもの問題行動の背景に発達上の問題があることを心配してということが少なくない。そして実際に、子どもに発達上の特徴が見られることも多いのだが、全ての問題を子ども個人に還元し、それをドミナント・ストーリーとするのであれば、それは誤った問題の外在化と言わなければならない。本検査は、違った角度から問題を外在化して眺めることを可能とし、そこに表現されたことから改めて保護者が意識したことに焦点を当てることによって、関係性の問題といったオルタナティブ・ストーリーを立ち上げる契機となり得る。そして、保護者が今まであまり注目してこなかった角度から問題の解決について考えていくことを可能とする。従って本検査は、子どもの認知特性だけではなく、子どもの表現活動を通して子どもが体験している関係性も視野に入れ、包括的な心理アセスメントを行い、特にブリーフセラピー的な介入を行う場合に有効であると言える。

表現活動を通して自己認知を深める

しかし今後の課題として、やはり被検者自身に表現内容について問うということについて考えておかなければならない。2節でとりあげたAくんのように、居場所を失い自分自身の存在意義が揺らぎ、これからどうなるのかの見通しも持てない中では、知能検査のように、その子が認知的に何を理解できるかということを確かめることは、少なくともその子にとっては直接的には意味がないことである。むしろ、何とかして自分自身の存在を意味づけるものを得ようとする中でAくんは、そのときの手持ちのものである自分につけられた名前というものに注目し、それを自分なりに意味化していくことを求めたのであった。このように子どもは、表現活動を通して自己認知を深めていける可能性がある。

特にここに示した事例のように、家族間の関係に不全感を抱いていると思われるような状況で「家族関係の模式図検査」で表現を行うということは、自分が表現したものを見て、改めて心が動かされる体験をしているのではないかと推察される。従って、もしその場で表現者自身の体験を扱うことができれば、より直接的な治療的活用が可能であるかも知れない。

本検査と比べると、例えば動的家族描画法などの方が表現される情報量は多い。更に、箱庭療法やプレイセラピーを行うならば、継続するプロセスの中で、よりダイナミックなものを表現し得るであろう。しかしそのためには、表現されたものを解釈する技法や継続的な関わりが求められることになる。一方、情報量や表現内容が限定されるという点は本検査の短所ではあるが、被検者自身に直接その場で介入できれば、逆に新たな活用の可能性も広がるのではないかと考えられる。

付記：本章3節の内容は、古田（二〇一二）を加筆・修正したものである。

第3章　心理アセスメントを通した保護者支援

1 検査結果の共有と発達支援

心理アセスメントとは、心理的な側面から子どもにアプローチし、理解しようとする試みであるが、それは、その子の発達支援に実践的に生かされる結果を導きだしてこそ意味があることであり、そのためには、その子と日常を共にする保護者にその結果が納得されたものとならなければならない。つまり、保護者がすぐにでもその子への関わりの参考になると思えることを導き出せてこそ意味があるのであり、保護者がその子を育てていく上での何らかの指針が得られるように保護者を支援していく視点が不可欠となる。

ところで、私たちがある子どもについて理解しようと試みる場合、「比較」ということが大きな手段と成り得る。例えば、療育場面で関わっている場合には、ある時点から時間を経た他の時点のその子の姿を、療育という定点観察において比較することによって、発達的変化として捉えられることがある。また、療育での姿と、家庭や保育所などの日常場面の姿が、どのように関連していくのかということを比較することによって理解できることもある。固有の発達過程を歩むある子どもの発達について捉えようとするのであれば、当然このように縦断的に捉えていく視点が不可欠となる。これらのアプローチに比べると、はじめにでも述べたように、限られた場面での心理アセスメントから得られる情報は、ごくわずかなものである。検査用具が与えてくれるのは、被検児のある時点での標準や平均との差という比較でしかない。

しかし、検査に同行してくれる保護者は、その子の日常での育ちという歴史を共にしてきているのであるから、その視点を有効に活用することによって、検査者からの視点と保護者からの視点といういわば複眼視によって、より立体的に子どもの姿を捉えられる可能性がある。したがって、子どもの包括的な心理アセスメントにおいて、保護者の視点をどのように活用するかということは、非常に重要なことであり、かつ積極的に検討していくべきことであるとも言える。

新版Ｋ式発達検査においては、検査の方法について、検査室に子どもを一人で入室させることが望ましいとしながらも、保護者が援助をしない限りにおいて、子どもの状態により同席することも認めている（生澤ほか、二〇〇二）。筆者は、上記のような理由から、就学前であれば、むしろ積極的に保護者に同席してもらって検査を行うようにしている。但しそこでは、単に保護者が子どもを援助しないということだけでなく、子どもの力がうまく発揮されることを阻害しないためにも、検査者が場面を構造化していくことが重要となる。具体的には、①いかに検査に導入するか②保護者からのフィードバックをどのように得るか③支援のデモンストレーションをどのように行うかということについて、検査者と保護者とのやりとりを、その場に子どもが共にいるということに配慮した、三者面接の場として意識し、検査者がコントロールしていくことが求められる。ここでは、筆者が発達臨床の実践の中で培ってきた方法論について述べることにする。

(1) 検査への導入

その子自身の現状を知る

まず保護者と子どもが入室して最初にする質問は、「最近子どもさんが力をつけてきたり、できるようになったことは、どんなことですか」というclosed questionである。これは、保護者が語りやすいことから語ってもらうという配慮でもあるが、もし例えば、「いかがですか」といったopen questionや、ましてや、相談に来られたからと言って「どのようなことでお困りですか」といったclosed questionをすることによって、子どもにとって否定的なことばが語られることを避けるためでもある。もしこれらの質問によって、「まだことばが出ないのです」といったことが語られたとすると、それは、早くことばがしゃべれるようになって欲しいという保護者の願いを知ることにはなっても、そこから子どもが現在、どのような力を使って生きているかという、その子についての事実を知ることにはならない。また、たとえまだ有意味語を発していない子どもであったとしても、保護者がその子について否定的な感情を持って語られることばを聞かせるべきではない。子どもがまだ言語的な世界に開かれていないのであれば、なおさら子どもは言語に依存することなく、母親が表す情動や身体的なサインなどの非言語的な情報に影響を受けやすいからである。

検査者が焦点を当てるべきなのは、保護者の願いよりも、まずはその子自身の現状である。例えば、「つたい歩きができるようになりました」というのは、その子が日常の生活の中で達成している事実である。「指差しをするようになりました」などの具体的な変化が語られれば、そこから大まかな子どもの発達像をイメージし、発達検査をどのような課題から始めれば、よりその子の持っている力が発揮されやすいかということを考える上での大きな手掛かりを得ることにもなる。

保護者と子どもの関係性を見る

また、このような子どもが達成してきていることについての問いかけによって、保護者がどういう視点で子どもを見ようとしているかについても情報を得られることがある。細かな変化によく気づく保護者であるとか、子どものどういう側面に注目し、気にかけているのかということが明らかになることもある。あるいは、全体的に肯定的に捉えようとしているのか、客観的に見ようとしているのかなどといったことがわかる場合もある。これらの保護者の発達観やトーンというものは、周辺情報であったとしても、実際にそのような見られ方の中で育てられていることも、またその子にとっての事実である。加えて、これらのことを知っておくことが、検査の結果をどのように伝えれば、より保護者と共有しやすいかというイメージを持つ上での副次的な効果もある。

もっとも、初めての慣れない場面に子どもが不安を覚えたり緊張したりして、スムーズに検査に導入できないことも稀ではない。検査で知りたいのは、その子が現在持っている力についてなので、できるだけその力が発揮されやすい場面を作っていくことが求められるわけだが、そのためにもまず心がけることは、周囲の者がいかに落ち着くかということである。子どもが検査にうまく応じられないことに焦りを覚える保護者も少なくないので、筆者はまず、保護者に対して、「ちょっと、時間をかけてゆっくりやっていきましょう」と声をかけるようにしている。検査者のスタンスを表明することによって、例えば時間を要して検査者に迷惑をかけているのではないだろうかといったような、保護者が抱く罪責感を取り除き、とりあえず時間をかけて子どもの様子を見ていこうとする姿勢を共有してもらうためである。

また、子どもが検査にうまく臨めないという、大人から見た問題状況に対して、検査者がその解決を引き受けないということも大切である。これは、ナラティヴ・アプローチでも言われることであるが、その子が不安なときにどのような様子を示し、またそれがどのように収束していくのかということについて、検査者は無知であるという立場に立って、保護者に、「だいたいこのようなときは、これからどうなっていきますか」といった質問をしてみる。この質問によって、保護者も問題状況を対象化（外在化）し，その子をそれまで育ててきた当事者としての知見を語ってくれることになる。多くの場合，初対面である検査者が，このような状況のよりよい解決策を知っていると考えて行動することの方が不自然であって，むしろその子自身のことを理解する上でも，慣れない場面に対して戸惑いを覚えるときに，その子がどのような振る舞い方をし，また，もし関わり方によってそれが収まっていくのであるとすれば，それはどのような方法によるのかということを知ることの方が実際的である。そのためにも，検査者が落ち着いて対処することと合せて，まずは保護者にできるだけリラックスしてもらい，日常的な対応を行ってもらいやすくするように心がけている。

検査の実施が難しい場合

もし時間をかけても，子どもが検査に取り組むことが非常に困難であるように思えるときには，例えばＳ－Ｍ社会生活能力検査など，保護者からの聞き取りによって実施できる検査を念頭に置き，「どうしても難しいようなら，聞き取りで行う方法もありますから」と，他の手段もあることを保護者にも伝え，実際に発達検査の実施を見合わせることもある。例えば大人の身体の緊張の高さなど，非言語的な情報も含めて，子どもの不安を必要以上に高めるようなものはできるだけ排除した上で，それでもなお一定の時間内に子どもの気持ちが切り替わりにくいということであれば、それも現時点でのその子の状態を表していると考えられ、そのこともまたその子を理解していく上での重要な情報であると捉えることができる。

(2) 保護者からのフィードバック

検査を終えてから必ず保護者に聞くことは、「今、検査を見られていて、これはできるはずなのにと思われたことはありますか」ということと、「検査で、こんなことができるのだと感心されたことはありますか」という二つの質問である。これらもまた、子どもについて肯定的に語ってもらうためのものである。もし、「どう思われましたか」といったような open question によって、例えば「やっぱり言われていることがわかっていないのですね」といった悲観的なフィードバックが出てきたとしたら、そこから保護者がどのようなことを願っているかを知ることはできても、それはその子にとって新たな何かをもたらす情報ではなく、また聞かせるべきことでもない。しかし、上記のような質問からは、その子の持っている力がどれくらい検査に反映されたのか、あるいは、その子がすでに持っている力が、日常場面で充分に認められていない可能性について知ることができる。検査場面でできることが全てではなく、たとえそのときに力を発揮できなくても、他の場面でできているのであるとすれば、それはその子が有している可能性である。そして、すでにその力を持っているのであれば、どのようにすれば、より多様な場面で発揮しやすくなるのかといった具体策を検討していくことが可能になる。また、もし保護者がその子について、こんなこともできるのだといったような新たな気づきを得たのであれば、そのような力がより日常で発揮されやすいように、関連する遊びなどについて提案していくことは、比較的たやすいことである。

検査を受けたことが、その子の日常的な発達支援につながっていくためには、検査者が検査などから気づいたことについて解説することよりも、保護者が得た気づきに焦点を当てる方がはるかに効果的である。繰り返し述べているように、保護者自身が納得してこそ、日常的な取り組みの力となっていくからである。

（3）支援のデモンストレーション

抽象化の作業と具象化の作業

心理アセスメントによって、日常的な関わりの工夫だけではなく、より集中的な療育などによる発達支援が必要と見なされた場合、保護者にその必要性を理解してもらい、療育に通う動機を持ってもらうことが重要となる。それには、療育がどのようなものであるか、より具体的にイメージしてもらえることがポイントとなる。筆者は、検査後の時間を使って、できるだけ療育のイメージを持ってもらえるようなデモンストレーション的な関わりを行って見せるようにしている。

そのためには、心理アセスメントで子どもが示した実際の反応という具象から、例えば発達の遅れやアンバランスといった事態が何故起こっているのかという抽象化の作業を経た後、再度、そうであるとするならば、実際にどのようなことから取り組んでいけば良いかという、短期目標となるような具体的な遊びの提案といった具象化の作業を行うことが必要となってくる。

内的基準の活用

このことのためには、実際に発達検査であるプロフィールを描く子どもが、プレイルームでどのような遊びを好んでするのかといったことを継続的に観察する中で、経験知として蓄えた内的基準が活用されることとなる。いくつか例をあげるとするならば、例えば検査で自ら積木をコップに入れられるようになった子どもに、マジックテープによって二分割できるミニチュアフードのおもちゃを渡すと、ただ分割するだけでなく、再度くっつけてみようと努力する様子が見られる。これは、子どもがものとものとを関係づけて扱うことに興味を持つようになったことを示していると考えられる。また、検査でなぐり描きができる子は、バチを持って太鼓を叩くことも可能となる。これは、道具の慣用的な扱い方について知り、道具の意味づけを理解し始めたからだと考えられる。

プレイルームの中で子どもたちに長年好まれるような個々のおもちゃの扱い方をめぐって蓄え

た内的基準によって、それぞれの子に適するような遊びを提案することも可能である。例えば、プラスティックの線路を組み合わせて、電動の電車を走らせて遊ぶプラレールというおもちゃがあるが、外からの変化を受け入れにくい子どもの中には、電動で走らせることを嫌がり、全て自分のコントロール下に置こうとするかのように、スイッチを入れず、手で持って動かして遊ぶことがよく見られる。スイッチを入れて手を放して遊べるようになるには、周囲についての見通しを持ち、変化を受け入れやすくなる必要がある。

線路をまたぐ形で、少し開いた本を伏せてかぶせ、トンネルを作ってみせると、障害物と見なして取り除く子がいる一方で、見立ての面白さが理解できれば、自分も本を取り出してさらにトンネルを作ろうとすることもある。

線路を環状になるように組もうと意図するには、少なくとも閉じた円が描けるくらいの、二歳半から三歳くらい以上の発達年齢に達している必要がある。

さらに、自分の電車と療育者の電車をそれぞれ決めて、早さを競わせるような遊びを楽しむには、自分を何かに見立てて、自他を比較するといった、自己の対象化を行う力が求められる。そのような自他意識が持てるのは、通常三歳以降のことと考えられる。

具体策の提示

あるいは、活動性が高かったり好奇心が強かったりして、外出すれば親の方を振り返ることもなく勝手に探索行動をするような子に対しては、危なくない範囲である程度館内を探索してもらい、例えばロビーにあるすべり台など、その子がおもしろがって繰り返そうとすることが見つかるまで待ってみる。そして、その子が階段を登る動作に合せて、「よいしょ、よいしょ」と言ったり、すべるときに特定の口笛や舌鼓など、その子の注意を引きそうな音を出してみるようにする。その子を制止するのではなく、意図を尊重したこれらの関わりをすることによって、その子が筆者からの働きかけを意識してくれるようになることが少なくない。やがて子どもの方が滑る前に筆者の方を見てはたらきかけを期待したりするようになると、筆者が先行して、「ピューッ、トン、しようか」といった声かけをすることで、筆者の意図を受け止め、再度すべり台を登り始めることも起こり得る。実際に筆者と子どもとのこのようなやりとりを見ていたある保護者が、「いい感じです」とつぶやいたことがあった。その時点ではまだ筆者としては、何をねらいとしてこのようなことをしているかの解説はしていなかったが、おそらく、必ずしも言語を介さなくとも、その空間において子どもと筆者との間に共有されていたものが、子どもの発達にとって意味があると納得されたからだと思われる。

実際に多動傾向のある子に対しては、日常生活では、安全面への配慮などから、その子の行動を制止するための声かけを、背後から行うことがどうしても多くなりがちである。しかし、子どもにとっては、自分の意図に反することばかけを受け続けるということが、かえってことばを聞く構えを失わせていくことにもなりかねない。だからこそ、安全が確保されている場面において、その子の行動や思いにそったはたらきかけをしてあげることによって、人への意識や応答性を育てていくことが重要になる。そのために、子どもの意図にそったはたらきかけによって、人への肯定的な意識が向かう場面を保護者に見てもらいつつ、必要であれば上記のような説明をすることによって、その機会を広げる場として療育の有効性を理解してもらうことを心掛けている。

心理アセスメントを求める保護者にとって、もし子どもに発達的な問題があるのならば、知りたいことは、さしあたって何から行っていけば良いのかという具体策であると思われる。心理アセスメントとは、ある意味現実を見つめる厳しい行為であるが、そこから実際的な方策が見つかることが希望につながる。そのときに、単に口頭で行われる抽象的な説明よりも、実際にその子の反応というものを介して示されるデモンストレーションの方が、はるかに雄弁ではないかと考えている。

新版K式発達検査を用いた事例

①検査の結果

母親と来所した三歳五カ月のある男児は、新版K式発達検査の検査用具には興味を示すものの、独自の扱い方で遊ぼうとすることが目立った。検査者である筆者からの教示に対しては、例えば二歳から二歳三カ月の課題である「表情理解Ⅰ（二つの表情が描かれた絵カードを提示し、「泣いているのはどっち」といった質問をして、指差しで回答してもらうもの）」を提示しても、指差しで答えることはなく、ただ「ドッチ」と検査者からの問いを復唱してしまう。また、三歳から三歳半の課題である「短文復唱（検査者が言う短い文章を復唱してもらうもの）」でも、「マネッコシテ」と、筆者が復唱を促すために言った教示は繰り返したのに、課題である文章の復唱はしなかった。二歳三カ月から二歳六カ月の課題である「形の弁別Ⅱ（一〇個の図形が描かれた図版に対して、それぞれの図形のカードを提示し、同じ形のものを指差してもらう課題）」にも応じられなかったが、「サンカク」など、自ら見たものの形の名称を言うことはできた。また、三歳半から四歳の課題である「色の名称（絵カードに描かれた四つの色の名称を答えてもらうもの）」には通過し、この点に関しては生活年齢以上の力を発揮していた。さらに、自らキャラクターの絵が描けるなど、道具操作などに関しても年齢以上の力を有している面があった。

形態を捉えたり色の概念を理解していたりと、ある側面では年齢相当かそれ以上の能力を発揮することがある一方で、検査者だけでなく、保護者の方を振り返って見たりすることもなく、人との関わりを積極的に求めようとする姿が見られず、大きな発達のアンバランスがうかがわれた。発達検査上では、総合での発達年齢が二歳四カ月で、発達指数が六七と、軽度精神発達遅滞の範囲ではあったが、実際には発達のアンバランスの方が問題であり、生活年齢以上の力を持っている側面がある一方で、人との相互性ということについては、おそらく乳児レベルでのつまずきがあるのではないかと推察された。

②検査後の保護者とのやりとり

検査を終えて椅子から床に降りた本児が、検査課題である「課題箱（穴やスリットの開いた木箱に、棒や角板を入れてもらうためのもの）」に興味を示し、穴から箱の中に棒を落とそうとしたとき、同じように床に降りた筆者が、前述の事例と同様に、棒の動きに合せて「ピューッ、トン」と口笛と舌鼓をならしてみた。すると、それを確かめるかのようにその遊びを繰り返すようになり、そこで初めて筆者の存在に気づいたかのように顔をあげ、さらには笑顔も見せてくれるようになった。そのように、〈させる―させられる〉という関係から離れて、一緒にすることを楽しめている様子を見ていた母親が、「そういえば最近、一緒にものの名前を言うことをやっています」と言われ、「ねずみの……」と言うと、本児がすぐに母親の方を振り返り、「ねっ」と母親と声を合わせて言った。

筆者は、現時点では確かに発達のアンバランスが見られるが、〈尋ねる―答える〉といったやりとりよりも、まずはそのように一緒に合わせて楽しむ遊びを楽しむことが大切だと思うと伝え、例えば一つの大きなシャボン玉を飛ばしてみて、それが消えていくまで一緒に眺める遊びなどに取り組むようにすすめた。そこから次第に、例えば二足の靴下を提示して、どっちをはきたいか尋ねてみるなど、こちらが問うている意図をわかりやすく示した上で、本人からも選択という形で応答していけるようになれば良いと思うといった話をした。情報提供として、現時点で療育手帳が該当することや、療育への参加を検討した方が良いことも伝えはしたが、ある側面では認知的な能力を持ちながらも、対人相互性に大きな課題を持つと思われる本児に対して、先ず大切なことは、相互的なやりとり以前に、人と一緒にいて楽しいと思えるような共同性を育てていくことだと判断し、実際にそのことに保護者が取り組みはじめていることにこそ意味があると思われた。母親は、「わかってきた気がします」と言われた。それは、このアセスメントを通して、母親がいくらか納得できる体験ができたからだと思われる。しかしそれ以上に印象的であったのは、検査を終え、部屋から出て靴をはいた本児が、自ら筆者の顔を見上げてはっきりと視線を合わせてきたことであった。検査の前半では、全く視線を合わせようとしなかった本児が、あたかも自分が今出会ったのは、誰だったのかと確かめているかのように感じられた。

ここにあげた事例のように、アセスメントについてのフィードバックを保護者自ら口にしてくれることもあるが、筆者は必ず終わりに、「感想とか、もう少し聞いておきたいこととかはありますか」と問うようにしている。必ずしもそのときに、明確なことばでは返ってこないかも知れないし、また新たな質問がなされても、その場で回答しきれないこともある。回答できない場合は、保護者が現時点でそのような問いを抱いていることを了解し、もし可能であれば、次の機会での検討事項とする。大切なことは、アセスメントという行為が、保護者にとってどういう意味を持ち得たのかということを確認することと、合わせて、フィードバックが得られるのであれば、それによってアセスメントをより良いものへと発展させていくということである。もし検査者の中で考察を閉じてしまえば、それは検査者自身の成長の機会をも失うことを意味する。

2　保護者に向けた心理判定結果報告書の活用

(1)　保護者からのフィードバックの必要性

心理アセスメントは、臨床場面で行われるものであり、それをその場で保護者と共有することが最も大切なことではあるが、発達経過を追いつつ、保護者からフィードバックを得ることで、アセスメントが実際に有益なものとなっているかどうかを検討していくことも重要になる。

発達障害児への注目や特別支援教育の普及などにともない、今日、医療、教育、福祉など、様々な領域において知能検査や心理検査を用いた子どもへの心理アセスメントが数多く行われるようになっている。例えば米国では三歳児以上に対して法律で Individualized Education Program（個別教育計画：ＩＥＰ）の作成が義務づけられ、対象の障害児が関わる全ての関係機関が積極的に関与したり、定期的にミーティングを行っているのだが、浜田（二〇一二）が指摘しているように、我が国では、心理アセスメントは行われても、個別の教育支援計画などを、充分な他機関との連携の中ではなく、教育機関だけが単独で作成しているような現状もあり、集約された情報として就学前、就学後にまで渡る子どもについての継続的な発達支援に活用しきれていない面もある。

一方で、情報公開という社会の流れの中で、もし保護者が子どもの検査結果の開示を求めれば、虐待事例など、公的機関に子どもの安全を守る責務がある場合を除いて、応じていく必要がある。実際、筆者が勤める児童福祉センターでも、年々保護者からの心理判定結果報告書の交付依頼が増加している。報告書を提出する以上、それをできる限り効果的に活用してほしいという思いもあり、「ご不明な点などございましたらお問い合わせ下さい」と必ず記しているが、何年にも渡って問い合わせを受けたことはなく、従って自分が書いた結果報告書についてのフィードバックも得られないままできた。

ところで、筆者の務めるセンターでは所の方針として文書を作成しているが、他の自治体では、検査結果の数値など、最小限の情報しか出さないというところや、開示請求が行われない限り文章での回答は行っていないというところもある。また、発達臨床現場のスタッフによると、保護者が他機関で検査結果の説明を受けたものの、その内容をよく理解できていなかったり、報告書は出されたものの検査結果の数値だけであって発達支援に活用できなかったりするため、結局臨床現場で独自のアセスメントを再度行っていることもあると言う。つまり、先述のように、同じ子どもに関わりながら、子どもの発達支援につながるべく有効な情報の共有がなされていない現状が少なからずあるということだが、その一因として、心理アセスメントを行う者への、フィードバックの少なさということが考えられる。本来、発達臨床場面での心理アセスメントとは、竹内（二〇〇九）が述べているように、臨床心理査定の後の経過を事例において検討していく必要のあるものである。だが、実情としては、検査者にとって検査場面だけでの一回限りの関わりとなってしまっていることも少なくない。また、医療機関での心理アセスメントにおいては、アセスメントの結果を医師に伝えるだけで、直接クライエントやその保護者に説明をする機会がない現場もあると聞く。自分が行った心理アセスメントが、実際にそのケースの発達支援においてどのように活用されているのかということを知ることがなければ、心理アセスメントの精度や技量を向上させることは望めない。

また他方で、竹内（二〇〇九）や上岡（二〇一二）が指摘するように、心理アセスメントの結果の伝え方や活かし方について書かれた書物は少なく、心理検査結果の有効活用についての教育・研究が、未だ発展途上にあるという問題もある。それにもかかわらず、保護者からの要請により、心理判定結果報告書の交付が進められているのが実情である。そのような中で、山中（二〇〇五）は、口頭で伝えた場合には、その場では理解されても忘れられてしまったり、解釈が歪む可能性があるという理由から、積極的に保護者に検査結果報告書を提出した事例について報告している。しかし、そこでは、その報告書が実際にどのように活用されたかというフィードバックについてまでは言及していない。

そこで本節では、筆者が保護者からの依頼で心理判定結果報告書を交付したケースにアンケート調査を行い、その分析を通して、心理アセスメントの結果をどのように伝え、どのような報告書を作成すればより効果的に子どもの発達支援につながるかということについて検討していくことにする。

（2）方　法

アンケート実施にあたっては、筆者が所属するセンターの所属長にアンケート実施案を提出し、機関全体としてではなく、個人として行うことで許可を得た。また、対象者は、研究対象としてセンターに来所したわけではないので、後述するように任意での協力をお願いする形でアンケート依頼文を送付した。

アンケートの対象となった保護者は、子どもが心理アセスメントを受けた後、筆者から口頭での説明を受け、その上で文書による報告を求めてきているので、まず、どのような形で結果説明を受け、どのような結果報告書を受け取っているのかということについて述べることにする。

心理アセスメントの結果説明

①ＷＩＳＣ－Ⅲを用いる理由

筆者は、主に学齢児を対象とした場合には、ＷＩＳＣ－Ⅲ知能検査を中心としたテストバッテリーを組んで心理アセスメントを行うことが多い。そして後日保護者に来所してもらい、実際に検査用具を見てもらいながら、どこでどのような誤り方をしたかとか、どういった課題が得意であるかという説明を行いつつ、長期的な課題に焦点を当てるのではなく、現在起こっている子どもの課題に対して、できるだけ具体的に、どのようなことから取り組んで行けば良いのかということを中心に説明を行うように心がけている。ＷＩＳＣ－Ⅳでは、専門家以外に検査用具を公開することを禁じており、検査のセキュリティや妥当性、価値を損なわないよう、保護者には検査結果の概要の説明に留めるように規定している（上野ほか、二〇一〇）が、筆者は、心理検査結果から抽出された子どもの能力の特性などといった抽象化されたものを介するよりも、具体物を用いて実際にどのような場面でどのようなミスを犯しやすく、そのためにどう支援すれば良いのかを示す方が、そのケースの置かれている現状を理解し、その問題点を解決していく上で有効だと考えている（古田、二〇一二）。

例えば、本章1節で述べたように、新版K式発達検査を就学前児童に実施する場合は、通常保護者が同席して検査状況を見ているので、実際に子どもがどのような課題に通過したり、つまずいたりするのかということを共有しやすい。一方ＷＩＳＣ‐Ⅲでは、検査用具を保護者に見せることについての規制はないが、原則として検査者と子ども以外は検査室に入らないように指示されている（東ほか、一九九八）ので、後日、どのような課題に対していかに反応したかを、実際に再現しつつ説明を行っている。発達障害の子どもに視覚的な支援が有効である場合が多いように、保護者に対しても、子どもの日常の姿を共有しようとすれば、抽象的な言語から始めるよりも、具体的な状況を元にした方が確実なのでこのような方法を取っており、現在、ＷＩＳＣ‐Ⅳは行っていない。

②保護者に尋ねること

ただし、説明にあたる前に筆者は、まず最近の子どもの様子と、保護者が改めてどのようなことを聞きたいと思っているかを尋ねるようにしている。検査申し込み時点から子どもの様子が良い方向にも悪い方向にも変化している可能性があることと、保護者のニーズも移り変わっていることが考えられるからである。続いて、上記のように実際にローデータや検査用具も見てもらいつつ検査から読み取れることを説明していく。たいていの場合は、知能検査の説明から始め、続いてＰ－Ｆスタディなどの性格検査の説明を行った上で、最後にバウムテストや「家族関係の模式図検査」（第2章3節参照）など、子ども自身がより主体的に表現したものの説明を行うようにしている。特に「家族関係の模式図検査」は、子どもが現時点で、自分の家族関係をどのように捉えているかを端的に示すものであるだけに、場合によっては、保護者自身が問題に直面化させられることにもなる。しかし、古くはフーバー（Huber, 1961）が指摘しているように、検査結果が生かされるためには、被検者の能力や特性だけに注目するのではなく、その子どもが一緒に生活している人たちとの関連性にも注目することが大切であると考えているので、この説明を最後に行うようにしている。

次に、結果を聞いて、意外に思われた点や、腑に落ちた点といった形で、この時点での保護者の感想を尋ねる。これは、竹内（二〇〇九）も述べているように、検査結果を保護者に伝える場合に、一方的に伝えるだけでなく、話し合う形をとって、保護者が子どもへの理解を深めていけるようにするためである。そして、保護者がどのように受け止めているかを聞いた上で、できるだけ保護者のニーズと，子どもが今抱えている課題にそった形で、すぐにでも取り組めそうな具体的な方策について提案するようにしている。髙橋（二〇〇四）が述べているように、単に子どもの弱いところや障害と思われるところの指摘だけで終わるのではなく、現実を踏まえた上で将来の見通しについて希望を抱いてもらってスタートが切れるように、無理なく達成できそうなものに絞って現実的な関わり方を提案したいと考えるからである。

そして最後に、検査結果の説明を受けてみての感想や、まだ他に聞いておきたいことを尋ねることで、検査結果説明が保護者にどのように受け止められたかについてのフィードバックを得るようにしている。

心理判定結果報告書による結果説明

直接結果説明を受けた保護者は、すでに結果報告書に書かれた検査用具などを目にしているわけだが、報告書が学校や病院に提出されたり、また直接説明を受けていない家族などにも読まれることを考慮し、できるだけどのような検査であるかを文章でも書くようにしている。心理判定結果報告書の例として、一〇歳五カ月で、他児への加害行為を主訴として検査を行ったという架空のケースを元にして示しておくことにする（巻末資料1参照）。

山中（二〇〇五）は、報告書を作成することには積極的であっても、検査結果のプロフィールやＩＱの数値を渡すことに対しては否定的な意見を述べている。このように指数だけが一人歩きするので、被検者に指数を教えるべきではないという考えが従来からあるが、知能検査が知能指数を算出するものであることが広く知られている今日では、請求された報告書にそれを伏せておくことは難しい。また、インターネットで検索すれば、結果からプロフィールを描けることも記されているが、中にはプロフィールから直ちに学習能力の特徴などが把握できるかのように書かれているものもある。

上岡（二〇一二）は、知能検査の本質を理解してもらうために、啓蒙的観点が必要だと述べているが、数値だけが独り歩きしないためにも、ケースの理解にとってより実践的で有効な説明を、数値やプロフィールと合わせて文書として示すことが重要なのではないかと考えられる。筆者としては、プロフィールや指数などの量的な分析よりも、それぞれの検査が測ろうとしていることに対して、被検者がどのように対応したのかという質的な分析に力点を置いて報告書を書くように努めている。そして、被検者を取り巻く人たちの共通理解を得られる機会とも考え、口頭での説明のときと同様に、学校や家庭で、すぐにでも取り組めそうな対策を、できるだけ具体的に記すようにしている。

アンケート調査

アンケート（巻末資料２参照）の対象となった保護者は、当センターと継続的な関わりを持っているわけではなく、本調査は事後的な追跡調査であるため、それを断っても不利益が生じるわけではない。あくまでも自由意思による協力であり、また、返信の期日を設けないことによっても、回答者の意思を尊重するように配慮した。送付した手紙では、日常行っている心理判定という活動が、子どもの発達を支援していく上で、どのように活用されているか、特に心理検査後に行った結果説明や心理判定結果報告書が、実際にどのように生かされたのか、あるいは生かすことができなかったのかを知ることによって、今後の相談活動に活用したいという目的をあげた。そして、その趣旨を理解して協力しても良いという場合に、同封の封筒で返信してもらうこととし、連絡先として筆者の所属機関を記した（当時は、京都市児童福祉センター内の京都市児童相談所に所属）。

アンケートの項目は、①検査を受けることになったきっかけ（自由記述）、②心理検査結果の説明を受けたことについて（「特に良かった」（5）から「良くなかった」（1）までの5段階評価）および良かった点、改善すべき点などについて（自由記述）、③心理判定結果報告書について（5段階評価）および良かった点、改善すべき点などについて（自由記述）、④心理判定結果報告書の活用について（選択肢）および文書が子どもの支援に役立ったと思われること（自由記述）⑤検査結果をもとになされたアドバイスについて、役立った点や改善すべき点（自由記述）⑥その他（自由記述）の六つからなっている。そして末尾に、プライバシー情報の保護を厳守した上で、アンケートの結果をもとにして学会誌に論文として投稿することについての同意・不同意の意思を表記してもらうようにした。

アンケート調査対象は、あまり過去にさかのぼると、追跡調査としての意義はあっても、検査を受けたことへの意味づけが多様になり過ぎることが考えられたので、筆者が直近のある年度に検査を行ったケースのうち、心理判定結果報告書の交付の依頼を受けた保護者に限ることとした。

（3）結果と考察

結果の概要

アンケートは、四四名に送付し、一三名から回答を得た。回収率は、約三〇％である。回答を得たものは、すべて論文として投稿することに同意されていた。被検児の検査時の年齢は、七歳一カ月から一五歳九カ月（平均一一歳六カ月）で、いずれも学齢児以上であった。性別は、筆者が主に男児を担当することが多いこともあり、全員が男性であった。アンケートより、保護者からの主訴、心理アセスメントの結果、実施検査、報告書の活用のしかた、結果説明や報告書についての評価などについてまとめたものを表3－1に示す。

アンケート結果

心理アセスメント	実施検査	活用のしかた	評価（説明）	評価（報告書）
平均知能・AD/HD の疑い	WISC-Ⅲ，P-F スタディ，他（雨の中の自分）	学校	4	4
平均知能・能力のアンバランス	WISC-Ⅲ，P-F スタディ，樹木画検査，家族関係の模式図検査	学校・家族	4	4
平均知能・自閉症スペクトラム障害	WISC-Ⅲ，P-F スタディ，樹木画検査	学校・医療	4	4
境界線級知能・能力のアンバランス	WISC-Ⅲ，P-F スタディ，家族関係の模式図検査	医療	4	4
平均知能・自閉症スペクトラム障害	WISC-Ⅲ，P-F スタディ，人物画検査	学校・確認	4	4
平均下知能・能力のアンバランス	WISC-Ⅲ，P-F スタディ，樹木画検査	家族・学校（担任）	4	4
軽度精神遅滞・能力のアンバランス	WISC-Ⅲ，人物画検査，家族関係の模式図検査	学校・家族	4	4
平均知能・自閉症スペクトラム障害	WISC-Ⅲ，P-F スタディ，人物画検査	学校	4	4
平均下知能・自閉症スペクトラム障害の疑い	WISC-Ⅲ，P-F スタディ，樹木画検査	学校・医療・家族	4	4
平均知能・能力のアンバランス	WISC-Ⅲ，P-F スタディ，樹木画検査	学校・医療	4	4
境界線級知能・自閉症スペクトラム障害の疑い	WISC-Ⅲ，P-F スタディ，樹木画検査	学校	4	4
軽度精神遅滞・自閉症スペクトラム障害	WISC-Ⅲ，P-F スタディ，樹木画検査	家族	5	4
平均知能・自閉症スペクトラム障害の疑い	WISC-Ⅲ，人物画検査	学校・医療	1	1

ていないものをさす（それ以外は，アセスメント以前に診断を受けていた）。

IQ との差が15以上あったものを示す。

関に提出」「結果説明の内容の確認のため」「その他」のうち当てはまるものを選ぶ（複数可）。
（5），良かった（4），どちらとも言えない（3），あまり良くなかった（2），良くなかっ

表 3-1

ケース	検査時年齢	性別	主訴
A	9:00	男	学校の集団行動がとりにくく，大声を出したり泣いたりする
B	10:05	男	上の空で親が何か言っても耳をかさない
C	10:11	男	3 年振りにどのように変化しているか確認するため
D	12:05	男	何度も同じことを言ってもわからない
E	8:03	男	子ども支援センターからのすすめ
F	12:01	男	片づけができず，何度もおなじことを言わなければならない違和感
G	10:02	男	子どもの行動にどうしていいのかわからず，相談先からすすめられた
H	9:09	男	集団生活に適応しにくい
I	13:01	男	発達障害を疑って。学校の担任にすすめられた
J	14:04	男	勉強が全くわからず，不登校になった
K	14:01	男	学校からすすめられた
L	15:09	男	幼稚園のときに友だちと遊べなかったり，先生の指示が理解できなかった
M	7:01	男	学校からすすめられた

（注）心理アセスメントに「疑い」とあるのは，医師による診断を受け
能力のアンバランスとは，WISC-Ⅲの結果で言語性 IQ と動作性
活用のしかたは，「学校に提出」「家族への説明に活用」「医療機
評価は，口頭での結果説明と報告書についてで，特に良かった
た（1）の 5 段階評価である。

活用の方法と効果

まず、結果報告書がどのように活用されているかということを提出先から判断すると、学校に提出したというものが一一ケース（八五％）と最も多く、続いて医療機関と家族がそれぞれ五ケース（三八％）であった。

次に、結果報告書が、実際にどのような効果を生みだしたのかということを自由記述の中からみてみると、学校や周囲の関係者の理解を得られたとするものが八ケース（六二％）であり、自分自身の子どもに接する態度が変わったとするものが六ケース（四六％）あった（複数回答あり）。内容としては、前者については、関係者に子どもの特徴などを正しく伝えたり相談したりしやすくなり、協力を得やすくなったという意見が多かったが、更に波及的な効果として、学校の対応が統一されたというものと、主治医と学校が話し合ってくれたというものがそれぞれ一ケースあった。これは、保護者への直接の説明だけでなく、結果報告書を出すことによって第三者間でも理解が深められる可能性を示していると言えるだろう。一方後者については、子どもへの理解が深まり、どう接するべきかわかったというものが主だったが、中には前向きになれたという自分自身の姿勢について自己覚知的に述べられているものもあった。これらはいずれも、検査実施より一年以内の感想であるので、長期的に追跡した場合にどれくらい効果があるのかは不明であるが、前述のように、保護者にとってすぐに取り組めるような、現実的、具体的な関わりについて提案を行うことで指針を示すことに、一定の効果があったと考えて良いものと思われる。その他、結果報告書が手元にあることの利点として、何度も読み返せて確認ができるというものが二ケースあったが、そのような形で活用してもらえると、より長期的な効果も期待できるのかも知れない。

結果説明と報告書に関する要望

要望としてあげられたことには、結果説明や報告書のあり方の内容について述べられたものと、より大きく体制的なことについて述べられたものに分けられる。前者についてはまず、「アドバイスがもう少し具体的だと助かった」というものがあった。結果報告の時点では、できるだけ対話的になるようには心がけており、その場で出された質問には極力回答するようには努めているつもりであるが、一時間くらいの面接時間の中で、保護者が質問できることも限られているであろうし、こちらも子どもにとって発達的に重要な課題となっていることを集約しつつ、その中で取り組めそうなことからアドバイスを行っている。更に結果報告書になると、いくら結果説明で話し合ったことを踏まえたつもりであっても、やはり一方的な文書ではあるので、保護者が知りたかったことに充分に答えられていないということが起こるのは、避けられないのかも知れない。また、「もう少し学習面についてアドバイスをして欲しかった」というものもあった。保護者に対しての説明が、日常生活のことに偏っているのは否めない。これには、筆者の発達観として、すでに持っている力を生活の場で生かすことによって子どもは伸びていくものと考えているので、どちらかというと、将来役立つであろう力を身につけるための学習ということよりも、すでに学んだり身につけている力を、実践的に発揮できる場を作れるようにと考えていることも関連するであろう。

その他、「心理検査で使った道具等が、文章だけでなく図のようなものがあればさらにわかりやすかった」というものがあった。保護者はすでにそれを見ているので文書だけで理解できても、第三者が読むときには、確かにイメージしにくいのであろう。筆者自身、前述のように、具体的に見てもらった方がより伝えやすいと考えているので、後日、保護者の同意のもとに学校とのカンファレンスを持つ場合には、すでに結果報告書の文章が渡っていたとしても、必ず検査用具を示して説明するようにはしている。しかし、そういう機会がない場合には、確かに略図などでも加えた方がより伝わりやすくなるだろう。

それ以外には、体制のこととも関係してくるが、まず、「一年ずつでも受けられるようにして欲しい」というものがあった。これは、保護者に充分説明できていなかったのかも知れないが、岡田ら（二〇一〇）の研究にもあるように、検査の練習効果を考えて一年以内に再実施はしないようにしてはいるものの、保護者の希望があれば、一年後の経過観察には応じている。しかし、筆者自身としては、心理アセスメントというもの自体、子どもにとって自分を試されるという侵襲的な経験となり得るので、単に経過を見るために必ずしも検査を行う必要はなく、実施するのであれば必要性をよく見極めて行うべきだと考えている。もう一つ体制的なこととして、「もう少し今後の対応や指導があれば良かった」というものが二ケースあった。現在でも、自治体によっては、児童相談所での継続指導を行えているところもあるようだが、特に都市部では、少子化にも関わらず児童相談所への相談件数は年々増加しており、継続指導がほとんどできないような状態となっている。発達過程にある子どもの心理アセスメントを行う上で、本来ならばその経過を追いつつ、アセスメントについて検証したり修正していくことが不可欠であり、これは、心理司の育成の上でも重要な課題だと思われる。

体制的な問題

より大きな体制的な問題として挙げられていたのは、上記のことと関連するが、「検査申し込みからの数か月が長く感じられた」というものがあった。実際に、筆者の勤務する児童相談所では、状況によっては検査申し込みから検査実施まで、三カ月間も待ってもらわなければならないこともあった。これは、相談件数に見合った人員とハードウエアの整備を求めるしかないことである。また、当面学校の理解を得るのには報告書が役立ったものの、「発達障害児に対しての支援は、現状ではほとんどない」とし、より社会的なネットワークの充実を求めるものがあった。確かに、発達障害ということが注目はされてきても、前記の米国の例のように対象の障害児が関わる全ての関係機関が積極的に関与したり、定期的にフォローしていくような体制は整備されていない。これは、より大きな課題であるが、まず対策としてできることは、その障害児とともに歩む保護者がキーパーソンとなって子どもに関わる情報を集約していく役割をとることであり、そのために、本当に子どもの発達支援にとって有効な心理判定結果報告書が作成できればと考えている。

保護者の主体的なニーズの有無

今回のアンケートで、最も知りたかった、「文書が子どもの支援に役立ったと思われることがあればお書きください」という自由記述欄に、ほとんどのケースで効果があったと記入されていたが、ケースE、K、Mのみ何も記載されていなかった。これらのケースの共通点は、最初の質問の「心理検査を受けることになったきっかけ」に、単に「学校の指摘」や「学校に提出するため」などとだけ書かれ、保護者の主体的なニーズとは書かれていない点である。ケースIも学校からのすすめには違いないが、「(私自身発達障害ではないかと思っていたので)」と書き添えられており、学校からの一方的な指摘ではなく、学校と保護者が同意の上での相談であったことがうかがえる。そして、ケースIは、報告書の効果について、「特に学校に対しては理解や協力などに役立ったと思います」と記載している。当然のことではあるが、保護者の主体的な相談であれば、その後の経過への関心も高いだろうが、反対に相談ニーズや問題意識が低かったとすれば、検査結果報告書を学校などに提出することに、どのような効果があるかということへの関心も低いということが考えられる。

結果説明と報告書への評価

最後に、口頭での心理検査結果の説明と、心理判定結果報告書についての尺度による評価に関してであるが、ケースLが、口頭での説明が「特に良かった」と評価している以外は、ケースMを除いて全てが「良かった」という評価であった。主体的な相談でなかったかも知れないケースEは、口頭での説明に対して「苦手や不得意な分野がわかりました」とあり、報告書についでは「書面だと何度も読み返せる」と肯定的な評価を記入している。学校に結果報告書を提出するために検査を受けたというケースKは、「これからは、先生と相談しながら解決していきたい」とだけ記入しており、学校への依存度が高いようには感じられるが、一応検査結果の説明や報告書については「良かった」と評価している。しかし、ケースMについては、「良くなかった」という評価とともに、結果説明について、「どうすべきかをまったく知らされず、（どのような障害かも）どうしていいかわからなくなった」と記されており、「検査結果をもとになされたアドバイスについて、役立った点や改善すべき点についてお書きください」という欄には、「行かなければ良かった」とだけ記されていた。

筆者は、このアンケート結果を受け取るまで、このケースの保護者がこのような感想を抱いていたということは全く想像できていなかった。ケースMの結果報告書には、「心理判定所見」について「平均知能・高機能広汎性発達障害の疑い」と記載しており、成育歴などを遡っての診断を受けるようにすすめている。また、検査結果から見られた特徴を示した後、四コマ漫画を並べ直す遊びなどを通して出来事を振り返る力を育てたり、質問してきたことを評価してあげて、人と一緒に解決を図る経験を重ねていくようにとアドバイスを記している。

ケースMは、結果報告書の活用について、学校と医療機関に提出したと記入されているので、おそらく複写してそれぞれに渡したのだと思われるが、もしかすると手元には残されていないのかも知れない。そうであったとしても、報告書に全く目を通さずに渡したとは考え難い。にもかかわらず、アンケートを実施した時点で、保護者がこのような感想を抱いていたことは事実である。口頭と文書で伝えたとしても、ケースによっては、心理アセスメントに対して、これだけ否定的な感想を抱くのだということを、今回のアンケートによって初めて知ることができた。各機関に提出された報告書が、実際にこのケースの発達支援のためにどのように活用されたかは、アンケートには何も記載されておらず，知ることはできないが，少なくとも保護者がこのような感想を抱いている以上，家庭内において生かされることは皆無であろう。

診断名を用いることの難しさ

田中（二〇一二）は，保護者に対して「広汎性発達障害」や「自閉症」ということばを用いての説明は，最初に行うべきものではないと述べている。おそらく保護者は，それらの名称が出てきた時点で頭が真っ白になり，その後の説明が耳に届かない状態になるからとのことである。そこで田中は，最初は診断名を伝えるよりも，状態像から戦略を伝え，それに対応する方法が必ずあるという希望をもってもらったうえで診断名を伝えていくようにしていると言う。筆者も全く同感であり，できる限り心理アセスメントから考えられる子どもの現状とそれへの対処法を優先して説明するようにしているが，保護者から「発達障害ですか？」と質問されたときには，おそらくこういう診断名となるだろうとか，現時点で障害とまで見なす必要はないのではないかといった筆者なりの意見を述べてはいる。そして，本当に診断名が必要であるならば，児童精神科受診ができることを案内している。

ケースＭについては，環境因と見なすべきではないと思われる状態であり，また，すでに他の医療機関で自閉症スペクトラム障害が疑われると告げられていたので，共通理解が必要となると考え、「生育歴などを遡っての診断が必要ですが、おそらく自閉症なども含む広汎性発達障害と診断されると思います」という説明を行った。できることならば発達障害の疑いということについては、何度かの面接を行って伝えるべき内容であり、一回限りの一時間程度の面接でここまで話すことに無理があるのかも知れない。しかし、保護者に説明した内容が、報告書という形で他機関にも提出されることを考えて、単に検査で測られる数値だけを測定しているのではないので、発達障害が疑われるときには、そのことを記載することもあり、そのためにもあらかじめ口頭での説明で保護者にも伝えるようにしている。

実際にケースM以外でも、ケースIとKについて「自閉症スペクトラム障害の疑い」と記した。先述のように、ケースIは、報告書が「学校の理解や協力に役立った」という返答であったが、ケースKは、実際の支援に役立ったと思われる点については、何も記されていないために判断はできない。子どもを包括的に理解しようとする場合、心理アセスメントを、知能レベルや認知機能特性の記述だけに限定すべきではなく、発達障害という観点を持つことが有効なこともあり得るが、面接を一回しかできていないにもかかわらず、文書を出すことによって圧迫され、焦って発達障害というラベリングをしてしまっていることは、大いに反省すべき点だと思われる。

保護者のレディネスへの配慮

もう一つ反省すべきことは、ケースMが、今回の一三ケースの中で七歳一カ月と最年少であるという点である。いくら学校などから検査を受けることをすすめられたとしても、検査申し込みを行うのは保護者なので、来所された以上、保護者にまったく受検の動機がなかったとは思われない。しかし、保護者の心構えを無視した形でいくら見立てや対策について伝えたとしても、それは反感を抱かれることはあっても、受け入れられることはないということを、改めて知らされた。ケースMについては、例えば「理由がわからないまま急に見境なく走りだしたりする」というたように、保護者から語られた具体的な相談内容があったのであるから、そのような現象を発達障害ということに結びつけるのではなく、そのときに保護者が実際にどのように対処しているのかを丁寧に聞くことにより、子どもが落ち着きを取り戻すための方策を一緒に検討することもできたであろう。特に、子どもとともに歩んだ歴史の浅い保護者に対しては、子どもの問題を特定の原因に還元してしまうのではなく、個々の事象への対応を通して、その子への理解を深めていけるようなアプローチが必要なのだと思う。支援者が先走りするのではなく、来談者のレディネスを良く理解し、来談者が知りたいと思っていることに合わせて応えていくという姿勢が大切であるということに、今回の調査を通して改めて気づかされた。

〝一人歩き〟できる結果説明・報告書を

竹内（二〇〇九）は、クライエントへのフィードバックの際に簡易な書面を作成することについて、持ち帰って繰り返し読むことで書かれている課題を自分のものにしていけるという良さもあるが、書かれたものは一人歩きする危険性がある点には慎重な対応が求められると、山中（二〇〇五）と同様の考えを述べている。しかし、すでに情報開示の社会的な流れがある中で、説明を行った当事者だけを対象にするのではなく、結果説明を直接受けていない者にもわかるような形でより詳しく結果報告書を書くことにより、かえってケースに関与する者たちの共通理解を深め、その発達支援に貢献できるような、〝一人歩き〟できるものを作成していく必要は、今後も増していくものと思われる。その場合に筆者は、量的分析よりもできるだけ質的分析を重視し、子どもの発達支援につながる具体的な提案を行っていくことが重要であると考えている。ただしそのときに、結果説明を受けた保護者の思いを無視してしまうようなことは、決してあってはならない。これらのことをより深く吟味し、検討していくためには、心理アセスメントを行い、結果説明をし、また報告書を書く者が、その実践について報告することによって他の専門家より意見を求めること、およびその経過を追い、実際の対象者からのフィードバックを得ていくことが不可欠であると考える。

付記：本章２節の内容は、古田（二〇一四）を加筆・修正したものである。

第2章と第3章のまとめ

それぞれの個別性を生きる子どもを理解しようとするには、まず個々の事例から学ぶということが重要になる。しかし、多様な対象に対して把握を試みる場合、理解をまとめあげるための視点となる足場が必要となる。その一つとして心理検査などのアセスメントツールがある。また、検査という特定の場面で観察を重ねる中で培われていくインフォーマルな内的基準といったものがある。さらに筆者の場合、第3章1節で述べたように、アセスメントの場面を保護者とどのように共有し、活用していくかということについて、一定の様式を設けることによって経験知を蓄積していくようにしている。それらのものを基盤としつつ、時間をかけ、数多くの事例に接することによって作りあげられてきたのが、現時点での筆者の心理アセスメントであると言える。

ところが、当然のことながら子どもを理解する方法は、多様である。いくら個人的に包括的な心理アセスメントを心掛けて試みたとしても、そこで把握できることは、その子どもについての一部分でしかない。しかし、その限界を受け入れつつも、少しでも心理アセスメントを有効なものとしていくためには、包括的に捉えようという視点を持ちつつ、試みを続けながら、かつその営みについて対象化して内省的に振り返っていくことが不可欠となる。

第2章2節でみたように、子どもにとって、表現の受け手との関係性の中で行われる自己表現活動は、自己を形成していく上で非常に重要なものである。しかしこれは子どもに限らず、例えば検査者としての自己を形成していく上でも、同じことが言える。自分が行ってきているアセスメントがどのようなものであるのか、形にして提示し、それは果たして正しい方向を向いているのかと〈問う〉ことによって、検査者としての自己が育っていくのだと言える。

このときの問いの受け手として、一つには発達臨床分野の専門家が考えられる。事例検討会の場などで発表し、フィードバックを得ることによって、より多角的な視点を取り入れつつ、アセスメントの方向性を修正したり発展させていくことが可能となる。

もう一つの重要な受け手となるのが、アセスメントの結果を聞く保護者である。子どもの心理アセスメントの目的は、その子に関しての理解を深め、必要であれば発達的な支援の在り方について検討するということであり、それを実行していく主体となるのが保護者であるのだから、保護者からのフィードバックを欠かすことはできない。アセスメントの結果が、保護者にとって納得できるような有益なものとして受け止められてこそ、実際にその子の発達支援へとつながっていくのである。ところが、この点について焦点をあてて議論されることは、今までほとんどなかったように思われる。心理アセスメントという行為を、検査者による表現活動と見なすとすれば、それは、「私はこの子の状態をこのように見立て、このような取り組みが大切だと思いますが、いかがでしょうか」という〈問い〉を投げかける、受け手との関係性の中でこそ磨かれ、意味を持つのだと言える。そして、新しい視点やアイデアが得られれば、それによって、より広がりのある視野を持った新たな包括的心理アセスメントへと発展していけるのである。

つまり、包括的なアセスメントをめざすということと、それを保護者支援のために役立てようと意図することは、その行為についてのフィードバックを得ることによって循環的に発展していくのだと言える。心理アセスメントという臨床活動の発展のためには、心理アセスメントという活動について発表し、またそれについてフィードバックを受けるという営みを続けつつ、かつそれをさらに広い場で議論して深めていくことが望まれるのである。

第4章　障害を持つ子と歩むということ

1 生きることを支える関係性

（1）ある夏休みの出来事

筆者が小学校三、四年生のころのことだが、夏休みに親がキリスト教関係の集まりに参加するのに同行して関東の方に行くことがあった。二泊三日くらいの日程だったと思うが、特に子ども向けのプログラムなどはなく、親が集まりに参加している間は、子ども同士で遊んで過ごすという形だった。私が見知っているのは、兄とその同級生だけだったが、その同級生が私を排除しようと、大変辛く当たってきた。兄も、同級生と遊ぶ方が良かったのか、特に私をかばってくれることはなく、腹立たしさと孤独感を抱えた私は、休憩時間を見計らって父のところに行き、事情を話して、兄の同級生に仕返しをしたいのだが、どうすれば良いだろうと相談を持ちかけた。そのとき父が私に語ったことばが、後に「悪をもって悪に報いてはならない。善を持って悪に報いよ」という聖書からの引用であったことを知るのだが、小学生の私に向けて理解できるように、「仕返しを考えるのではなく、どうすれば彼が、自分がやったことが恥ずかしいことだったと思うようになるかを考えなさい」と話してくれた。それ以上、何か具体的な方策を教えてくれたわけではないが、私なりに考えてとった行動は、ただ単に、〝毅然とする〟ということだった。もうこれ以上、彼らに遊んでもらおうとせず、たとえ孤独であっても、振りだけであっても、一人で楽しげに過ごそうという決心で、それからの時間を過ごすようにした。

詳しくは記憶していないが、そのことによって、それ以上辛い思いはしなかったことは確かだと思う。後から考えると、私がそのように振る舞えたのは、おそらく父にわかってもらっているという安心感があったからこそであろうが、当時、一番感じたのは、自分自身が辛い状況を克服できたという達成感であり、だからこそ自分でやりとげたこととして今日まで記憶されているのである。

昨今、いじめによる自殺などが起こると、例えば学校がいじめを把握していたのかとか、いじめが起こらないように努力していたかという、関係する者の対応が必ず問われるようだが、いくら教育的な配慮を尽くしたとしても、いじめという事象を全て把握して未然に解決したり、完全に無くすことはできないであろう。

私が父に相談した時点で、父には、相手の子どもに直接注意したり、その保護者も同行していたので、親同士で話し合うことも、あるいは私の兄に注意をすることも可能だっただろう。しかしもしそのことによって、その後私が辛い思いをすることなくその夏を過ごせたとしても、私の記憶には残らなかったはずである。私にとっては、助けを求めた私に代わって父が動いてくれたのではなく、私自身に解決に向けての方向性を示してくれたことによって、私がとった行動が大切なエピソードとして記憶されているのである。

（2）他者と意味が共有されにくい世界

かつて行動療法のトレーニングで、正の強化子だけを用いてスモールステップで指示を伝えるというワークに参加したことがある。伝える者と伝えられる者がペアになり、伝える者は、何をすべきかを事前に知らされていない伝えられる者に対して、正しい方向に向かったときに笛をならして、それで良いということを伝えていくというものである。トレーナーが時折介入して、例えば伝えられる者は、まずゆっくりとその場で三六〇度回転してみるようにといった指示を適宜与えてはいくのだが、伝える者は、その行動によく注目し、行って欲しいことを実現するための向きになったときに笛をならす必要がある。笛がなった方に前進して行ったとして、何をすべきか迷うごとに三六〇度回転してもらうと、その都度方向性を示せることになり、最終的には目的としていた行動を成し遂げてもらうことが可能となる。

このワークの主眼は、行動療法を行う者が、相手の行動によく注目し、タイミングよく正の強化子をスモールステップで提示していくことの重要性を学ぶことにあるのだと考えられるが、参加していて私が興味深く思ったのは、トレーナーが提案する行動が、例えば黒板消しをゴミ箱に入れるなど、本来は行われないようなものを選択しているということであった。もし課題が、チョークを持って黒板に名前を書くといった、日常的に行っていることであれば、取り立てて指示がなくても、むしろ簡単に達成されてしまう。ここでは、伝えられる者が予想もしていないような行動をとることが課題になっているからこそ、独自に行動するのではなく、伝える者から送られるサインに敏感になるのである。翻って考えると、私たちの日常は、ほとんどが他者と共有された意味のあるもので囲まれており、それによって安定を得ていると言える。身の回りを見まわしてみても、例えば天井のスプリンクラー一つにしても、たとえ名称は知らなかったとしても、用途は概ね想像することができる。もし仮に、身の回りの物の大半が、全く得体の知れないものであるとすれば、非常に不安を感じるに違いない。人間にとって、意味がわからないということは、耐えがたいことである。

新生児は、自分にとって意味の把握できない世界に生まれてきて、やがて例えば、ボールを口に持っていくなど、自分なりに意味づけていこうと試みるようになる。そしてたまたまボールを手放したことを、親が投げられたものと意味づけて誉めたとすると、次第にボールは投げるものとして親と意味が共有されていく。障害を持つ子も同様で、他者と意味が共有されにくい世界にあって、自分なりに意味を求めようとする。例えば、自閉症スペクトラム障害の子が、ミニカーを走らせて遊ぶのではなくただひたすら並べたり、サインペンで絵を描くのではなく一定の配列で置くといった行為に没頭するのは、彼らなりに意味や秩序を求めようとしていると捉えることが可能であろう。しかし、例えば人と関わりを持った方が、より楽しい体験ができると感じられたり、困ったり不安になったときに人を頼りにするという気持ちが育っていくことによって、次第に周囲と意味が共有されるようになっていくのである。

(3) 信頼できる人に助けを求める

研修会などで上記のワークを行うと、特に伝えられる者を体験した人たちから、会場にいる皆がわかっている中で、自分だけ何をすべきかわからないという不安と、何とか伝えられていることをやり遂げることができたときの安堵を感じたという感想が聞かれることが多い。例えば、黒板消しをゴミ箱に入れるという課題において、まず黒板消しを手にするところまで到達したとしても、ほとんどの場合、それで黒板を拭こうとする。それは、自分なりに意味を求める行為なのだが、この場面では、丁度ミニカーを配列するように、周囲からは期待されていない孤立した行為となってしまう。しかし、この場で期待されている行動に向けて方向性を示してくれる、伝える者を頼ることによって、最終的には黒板消しをゴミ箱に入れるといった皆が期待している行為に到達することが可能となる。

いじめという事象を完全に無くすことが不可能であるのと同様に、障害というものもまた、いくら周囲の配慮や環境調整があったとしても、生きていく上で繰り返し不都合を生じさせるものである。より広く捉えるならば、誰もが新生児として生まれてきて、育っていく過程で、全く困る事態に出会わないということはあり得ない。むしろ、困難を乗り越えていくときに成長がもたらされると言えるが、そのときに大切になるのが、一人で乗り越えることよりも、信頼できる人に助けを求められるということであり、支援する者がともに、解決に向けての方向性を探ってくれるという体験の積み重ねである。そのことによって、より安定した社会とのつながりを作っていくことが可能となる。

ところで、障害を持つ了の親を対象にこのワークを行ったときのことであるが、伝えられる側を体験したある母親が、〝これが私の日常です〟と言ったことがあった。その子どもは、知的な力は比較的持っていても、脳性麻痺のために筋緊張が高く、意志伝達が思うようにできないでいた。母親は、その子の微細なサインを、丁度伝える側が吹く笛のように読み取り、その子が意図していることを探って実現してあげようとしているのが、自分の日常だと言われたのである。相手の意図を尊重しようと心を砕いてくれる存在との関係性によって、私たちは生かされているということを忘れてはならないと思う。

2　つながりをつくる力

（1）つながる力の弱体化

携帯電話が生み出す排除や孤立

通勤電車の中で、おそらく私学への通学であろう、まだ幼い小学生を沢山目にするようになった。一部の都会だけでのことかも知れないが、まだ一〇歳にも満たないころから、それぞれの家庭がある地域から離れて学校生活を送る子どもたちが増えている感がある。また私学に限らず、公立高校なども選択の自由度が広がり、遠方の高校へ通う高校生の姿も珍しくはなくなった。彼らが一様に頼りにしているのがスマートフォンというツールである。しかし周知のように、それらは手軽につながりを作りだす一方で、そのグループからはじき出すという排除の役割も担う。例えば仲間はずれのようなことが、実際に自分たちが暮らす地域で起こったとしても、同じエリアで暮らす以上、全くその存在を消し去ることはできず、何らかの接触は持ち続けることになる。そこには、自分を排除しない相手を見つけ出せる可能性も残されているし、また関係の回復の機会もあるかも知れない。しかし、架空のネットワーク上では、かえって完全に消し去ることが可能である。ネット上で他者たちとつながりたいという思いは、実は、それらの相手からいつ自分が消し去られるかわからないという不安を背景にしている。

一九八〇年に日本文化科学社から発売された新版Ｓ－Ｍ社会生活能力検査というものがある。これは、子どもの保護者などからの聞き取りにより、その子の生活の力の発達について調べ、得点化する検査であるが、三歳六カ月から四歳一一カ月の発達段階指標の問いの中に、「電話で簡単な対応ができる」というものがある。第２版の解説では、「電話がかかってくると電話器をとって親にとりついだり、留守を告げたりする」とあるが、近年、この問いに対して、〝我が家には固定電話がありませんから〟と回答する保護者が少なくなくなってきた。検査が発売された三五年前には想像もできなかったような事態だが、電話というものが、その家という場所にかけるものではなく、特定の個人にかけるものへと変容しつつある。場所にかけてこそ、電話をとりつぐという行為が必要になるのだが、それは必ずしも不便ということではなく、家族メンバーの周囲とのつながりを知るという機会を提供していたはずである。固定電話の排除と携帯電話の普及は、家庭内においてさえも、誰から誰に電話がかかっているかわからないような孤立を生じさせていると言える。

名付け方の変化から見えてくるもの

携帯電話を例にとったが、つながりの弱体化ということは、必ずしもそのような道具に導かれているのではなく、孤立化を好む傾向によっても生じているように思われる。例えば、かつて家族療法の専門家から、ある家族の物事の決定パターンを知る上で、どのように子どもを名付けたのかを知ることが有効だと教わったことがあった。子どもに名前をつけるということは、夫婦にとって非常に大きい事柄だと考えられるが、物事を決めるには、色々な方法がある。必ずしも夫婦だけで考え出すのではなく、例えば姓名判断や誰かにあやかるといったように、積極的に周囲からの意見やモデルを求めることもあれば、祖父母の意見が力を持っていたり、名付け親という存在がいたりするように、周囲から積極的な意見が出されることもある。たとえ最終的に夫婦が選択したとしても、その決定において、色々な力動が作用しており、そのパターンを知ることがその家族を知ることにつながるということであったと思われる。

しかし、児童福祉という多くの子どもの名前に接する現場にいて感じるのは、ここ二〇年間くらいのことだと思われるが、かつてはなかったような名前をもつ子どもが実に増えたということである。日本語の漢字であっても、それを英訳した読み方をさせたり、ヨーロッパのブランド名の音を漢字に当てはめていたり、中には、兄と妹に、アニメの兄妹の名前をそのままつけているようなこともある。そのような名前に接すると、名付け方の歴史や、親族としての歴史などから切り離され、親の世代だけの価値観で物事が決められるようになったことを如実に知らされる思いがする。親からすると、平凡ではなく個性的であることを重視しているのかも知れないが、孤立から生まれたものは、人との関係の中で生かされる個性ではなく、孤立化でしかあり得ないのではないだろうか。他者との間につながりを持ちつつ生きる中で認められてこそ、個性というものが社会的な意味を持つのである。

（２）障害を持つ子とつながることの大切さ

つながりの中で支えられる親

就学前の障害を持つ子らのグループ療育に参加していたその子は、ときとして衝動的に手にしているものを投げるという癖があった。あるとき、手にしていた石を投げて、走行中の自動車に当たってしまうという事件が起こった。母親が誠実に謝罪し、何とか事なきを得たということだったが、療育と並行して持たれていた母親のグループカウンセリングでそのことを語った母親は、あるときこのようにも語られた。

「私は、自分の子どもに障害があったことを良かったとは決して思えないが、この子に障害があったことで、このように親身になって深い話ができる人たちに出会えたことは良かった。」

筆者は、何か到達すべき目標のように障害受容と言うことも、ましてや周囲の者がそのことばを用いて当事者を評価するようなこともすべきではないと考えているが、この母親の誠実なことばを聞きつつ、このようにして障害児の親である自分を引き受けようとされているのだということを実感させられた。

もし、他者に迷惑をかけずに生きていけるようになることが自立であるとするならば、石を投げてしまうような子どもを投げないようにしつけつつ、親が一人で全てを負っていかなければならないことになる。そして、それを成し遂げられる親こそが障害受容した者と評価されることになる。しかし、実際にはそのようなことはあり得ない。自己責任ということばが使われたりもするが、いくら責任を負いたい気持ちがあったとしても、それこそ、全く孤立して生きていくのではなく、社会の中で生きる以上、自分だけではどうしようにもないことにぶつかるのである。1節で述べたように、本来人は、困ったときに自分を支えてくれるような関係性によって生かされている。この親が語ったことは、様々な困難を抱えた子育ての中にあっても、孤立するのではなく、支えてくれる人たちとの関係性に生かされていることの重要性であると思う。

歴史的な存在として生きる

第1章3節でもとりあげたが、毎晩一日の出来事の語り聞かせをして自分の子どもが歴史的な存在であることを理解できるように促した母親は、それ以外にも自分の子どもにとって必要と思われることを、実によく考え、実践されている方であった。私の役割は、アドバイスを提供するというより、すでにその方がされていることについて発達的な意味づけを行うようなことの方が多かった。その子どもは、早くから文字を読み、図鑑的な知識などの獲得には優れていたが、母親はそのことをよしとせず、かえって知らない間に文字を覚えていることに問題を感じて、自ら相談に来られたような経過であった。その子が自らは思い起こせないような過去を再構成するために、幼いころの写真をいつも目に見えるところに用意したり、ときには病院の新生児室にまで連れていき、その子がどのように誕生してきたかを語り聞かせたりもされていた。また、プロセスのあることに子どもが関わることを重視され、例えば一緒にクッキングをしたり、植物を栽培するといったこともされていた。

しかしこの親は、それらの工夫は、もともと子どもが好きだったからではなく、この子が生まれたことによって努力して考え出したものだと言われ、「この子によって育てられた」と語っておられた。我が子にとって大切なことは何かということを、真剣に自分自身に問いかけ、必要と思われることを実践していくその姿には、本当に教えられるところが多かった。もしこの母親が、このような観点を持って関わりを工夫してこなければ、この子は、断片的に外界の情報を取り入れていったとしても、自分自身や他者のことを、それぞれ歴史性というつながりの中を生きている存在とは理解できなかったかも知れない。自分自身が歴史的な存在であることを理解し、各々の歴史性を生きる他者との出会いが、また新たな歴史となっていくというつながりを得るためには、まずはその子自身のことを歴史的な存在として見なしてくれる身近な者とのつながりが不可欠である。また、支援者としての筆者も、もしこの子に発達の偏りがなく、療育の現場で出会うことがなかったならば、このような智恵と出会う機会を失ったのだと思う。

（3）つなぐということ

グループの力を信じる

筆者が療育機関に勤め始めて、最初にカウンセリングを担当した保護者グループが、子どもたちの就学によって終結を迎えることになった。自分自身、グループカウンセリングを初めて行う中で、果たしてどのように終結を迎えるのが良いのかも充分イメージできずにいたが、グループカウンセリングを行う上でのモデルとなっていたのが、毎週スイス人のスーパーバイザーによって持たれていた、スタッフのグループスーパービジョンであった。そこで、どのように終結を迎えれば良いだろうかということもその場で相談してみることにした。それによって、先輩の同僚やスーパーバイザーからも、自分であればこのようにするという提案をいくつかもらえたが、最終的には私に選択が任された。筆者が選んだのは、Photo Language という、モノクロの風景や人物を写した写真集を用いて、それぞれがお互いにプレゼントしたいイメージのものを選んで話し合うというワークであった。

四名くらいの小さなグループであったが、その中のある母親は、グループの中で弱味を見せてはならないと思っているかのように、常にうまくいっているといった話をされていた。個別でお会いしたときに、実はその子の暴力的な行動などがコントロールできず、かなり困難な日常を送っているということを知っていたので、筆者はその人に、男の子が背もたれの方に向かって一人で椅子にまたがっている写真を選び、このような面があるのを知っておきながら、グループで扱うことができなかったとコメントした。今から思えば、自分の後悔を語っているだけで、決してプレゼントとしてふさわしいものではなかった。しかし、他のある母親がその人に選んだのは、演説者が会衆に向けて手を伸ばしており、握手をしようとする多くの手が写っている写真であった。その母親のコメントは、手を伸ばせばつながってくれる人が多くいると思うというものであった。それを機に、実際に自分が属している育成会について紹介してくださる方も現れた。筆者はただ、グループカウンセラーとしての自分の後悔を吐露しただけであったが、他のグループメンバーの方が、遥かにグループで助け合うことを意識されていたのだということを痛感させられた。

そして同時に、グループスーパービジョンでなされていたことも、スーパーバイザーが強力に導くというのではなく、グループというものを尊重し、その力を信じるという体験を与えてもらっていたのだということを理解した。おそらく、初心者の筆者に対して、もっと明確に提案したかったことがあったのだろうと思われるが、たとえそれに筆者が従って、ある程度満足のいく終結の仕方ができたとしても、グループの力を信じるという体験を得ることはできなかっただろう。

保護者からさらに教えられたこと

そのような体験を経て、数年後に受け持ったグループカウンセリングが、やはり終結を迎えたときのことである。筆者は、マジックチケットのワークというものを提案してみた。七名くらいのやや大きなグループであったので、各自二枚ずつカードを配り、自分の右隣の二名に、いつの時代でも、どこにでも行くことができるチケットとして、その人たちにプレゼントしたいものをカードに書いて渡してみることにした。

筆者の右隣にいた母親は、明らかな外見的な障害を持って生まれた我が子を見たときに、「自分の人生は終わった」と思ったと語られていた。その子は、成長するにつれ、外面的にわからなかった様々な障害も明らかになっていった。その母親が右隣の人に渡したものには、非常に具体的なスポットが書かれていた。そこからの眺望が素晴らしいのだということだった。その人が、過去に実際に楽しみを味わった、とっておきの場所なのだと思われた。そのような母親に筆者が渡したのは、「北海道の大草原」といった凡庸なものであった。誰に気兼ねするでもなく、その子が伸び伸びと走り回れるような場所に行けたらという思いであったが、筆者の想像力は、その程度のものでしかなかった。しかし、筆者の左隣の母親が渡したものには、ただ自宅の住所が書かれていた。それを手にした母親は、「星は綺麗ですか？」と問いかけ、渡した方の人は、「山際にある家だから、綺麗ですよ」と答えられた。間に座っていた筆者を飛び越えてなされたのは、「夜を徹して話し合いましょう」というメッセージであった。本当に圧倒される思いがした。

初心者のころから数年を経て、筆者なりにグループカウンセリングを行ってきたつもりだったが、まだまだ自分自身が、グループの力というものを信じ切っていなかったのだということを思い知らされるようであった。改めて、人は困難に出会ったときに、それを支えてくれる人とのつながりによって生かされているのだということを思う。そのことを障害を持つ子と歩む保護者から教えられ続けている。もし支援者としてできることがあるとすれば、人がつながることの大切さと、つながり得る力を信じ、そのための機会を提供することなのだろう。

（4）つながりの大切さ

生物界において、例えば寄生するといったように、他の生物に付着して栄養を得るようなことは決して珍しくはないが、寄生されている方は、積極的に他の生物を養っているわけではない。しかし人間は、家畜を育て、ペットを養い、養殖をすることもできる。それは、他の種の生存にとって、何が必要であるか思考する能力を持っているからである。母性本能ということばに科学的な根拠はないとされ、一方では、児童虐待が大きな社会的問題であると理解されるようになってきているが、それはとりもなおさず、育児というものが、養育者の子どもを育てようとする意思と、子どもにとって必要なことを想像する力によって成り立っていることを意味している。

当然のことではあるが、障害を持つ子だけが発達的な支援を必要としているのではない。人間は全て、周囲からの発達支援を必要とするような無力な状態で生まれてくる。新生児は、かろうじて自力で呼吸はできても、自ら捕食することすらできない。それでも育つことができるのは、その子を育てようという意思と想像力を持つ養育者がいて、つながりを持ってくれるからである。少し話が飛躍するが、たとえ人間という種が突然変異によってこの世に誕生したとしても、その新しい種を、人間として育てようとする成人がすでに存在しなければ、人間として育つことはなかったはずである。

一方、新生児の側には、早くから母親を識別する認知力が備わっていることを明らかにする研究などもあるが、かといって、その認知能力によって新生児が自ら母親を他者と識別して結びついているわけではなく、空腹や眠気を訴える生理的な反応を介して外界とつながりを持つのである。つまり、無条件につながりを求め、それを作りだす存在として生まれてくると言っても良いだろう。障害を持って生まれるということは、単純化し過ぎかも知れないが、その状態がより長期に、また多様になると言うこともできるかと思う。しかし、人間が発達していくということにおいては、単に自立ということに向かうだけではなく、つながりの発展や展開ということもまた重要な要素である。誰の力も借りずに一人だけで生きていくというのは、遭難したときや積極的に自給自足の単独生活を目指すときなど、むしろ例外的な人間の姿であって、本来社会的な存在である人間は、獲得した力を人との関係性というつながりの中で活用しつつ生きていくものである。障害を持つということは、個体としての能力の獲得においては、様々な困難を抱えるということではあるが、かえってそれだけに、より多くのつながりを必要とし、またそれを生み出していくのだと言うことも可能だと思われる。

二〇一五年の一月に、筆者の友人の伴侶が闘病の末他界した。もう成人はしているが、次子には重い障害があり、多くの介護を必要とする。その人は、母親として我が子を育てるだけでなく、同じく障害を持つ子どもの親同士のつながり、さらには親子が活動することを支援する大きなボランティアグループのつながりといったように、次々と人とのつながりを作りだしていく人であった。その人が、もう自分の死期を覚悟して生前に残したノートには、

「私の豊かな人生は、皆さんとの出会いによります」

という一節があった。

人の力を借りなくても、自分だけでやっていける、あるいは、自分の力を自分のためだけに使

うということが人が育つということであれば、それは果たして豊かな人生と言えるだろうか。激しい社会的な変化の時代の中にある今だからこそ、人間にとって揺るがない大切なものとして、つながりをもつことの大切さということに、改めて注目することが求められているのではないだろうか。

3　保護者へのインタビューから

第1章3節や、本章2節などでたびたび取り上げてきたが、筆者がかつて個別療育で母親担当として関わらせてもらった方がいる。その方が子育ての中でされてきたことの工夫については、子どもを歴史的な存在と見なして関わることの大切さを教えられた例として、以前にも書籍（古田、二〇〇六）の中でLくんの事例という形で取り上げさせてもらった。実際に筆者が関わりを持ったのは、三歳児健診で発達的な課題を指摘されて療育に通い始められてから就学するまでのごく限られた期間であったが、この度、すでに大学を卒業して就労しているLくんの母親に改めてお会いし、インタビューをさせてもらう機会を得ることができた。

今までにも述べてきたように、支援者として関わってきたことについてのフィードバックを得ることで自分自身の支援のあり方を見直すことは重要なことだが、そのことに留まらず、人が発達していくということについては、長期経過を見ていく中でしか明らかにならないことも多い。それを知ることによって、改めて広い視野から学べることもあるはずであり、そこから今後出会うケースにも生かすことができることを見出していくことを目的とした。

まずは、インタビューでお聞きしたことの中より、時系列にそってLくんがどのような育ちをしていったのかということから記していくことにする。なお、プライバシーの保護のために、部分的に変更を加えている箇所がある。

（1）療育利用開始まで

長男として誕生したLくんは、眠りが浅いのか、真夜中に起きて動き出すことがあったり、生後一一カ月ごろから二歳ごろまで夜泣きが続いたと言う。二歳ごろからよく動きまわるようになり、揺れているブランコに近づいて行ってしまうなど危険認知の弱さがある反面、例えば家の玄関先に置かれている置物など、極端に恐がるものもあった。三歳児健診で知的発達の遅れと対人関係のとりにくさを指摘されたが、それまでにも多動傾向で視線が合いにくいことや、本人からことばで訴えてくるようなことはあっても、こちらが言ったことをしっかり受け止めてくれない感じなど、母親としては、ことばでのやりとりの弱さは感じておられたと言う。また、単語を連ねた話し方をし、何か急なことが起こったときには、状況とは関係のないことを言ってしまったりし、意味不明な訴えとなることがあったとのことだった。

三歳児健診で児童相談所を紹介され、三歳四カ月時点での児童精神科受診では、遅延エコラリアや恐怖反応など、特徴的なところもあるが、対人関係が希薄ではあっても、今後変化していく可能性があることと、ものの扱い方の偏りや変化への抵抗は目立たないということから、自閉症スペクトラム障害ではなく、知的障害としての問題が大きいと判断され、児童相談所からは、専門機関である単独通園施設への通所を勧められた。しかし、より多くの同年代の子どもたちと関わらせたいという母親の思いから、主に保育所や幼稚園に通いつつ並行通園を行う療育部門に母子で通い始めたのが筆者との出会いであった。

通い始めてすぐに弟の出産のために療育が中断されるが、Lくんが四歳五カ月になった時点で、教えていないのに勝手に文字を覚えてしまったことを母親が問題視し始めたころに、筆者が療育中断中の近況を尋ねる電話をしたこともあり、療育の必要性を再確認し、療育再開となる。母親によると、テレビのコマーシャルに出てくる企業名の漢字などにも興味を持って、指差して知りたがったりし、読めるようにもなっていったということだった。

(2) 療育について

月二回のペースで一時間の個別療育を行った。Lくんは別室でセラピストと遊び、並行して筆者が母親との面接を担当した。面接については、まず母親から近況について話してもらうようにしていたが、筆者としては、日々Ｌくんにとって必要なことを考え、またそのために実際に生活の中でできる工夫をされていく姿に、いつも感心させられていた。先にも記したように、こちらからは、新たにアドバイスをするというよりも、すでに母親がされていることについて、発達的な意味づけを行っていくことが多かったように記憶している。

Ｌくんは、親とのやりとりを通してというより、文字やディズニーのビデオなどからことばを獲得していくところがあり、親が使う話しことばは使わずに標準語を話していた。Ｌくんが四歳一〇カ月のときに、弟が骨折をして救急車で運ばれるという出来事があったが、そのとき、母親に向かって大声で〝お母さん、愛と勇気を持て！〟と叫んだと言う。大変な事態であることは認識しているようであっても、このことばはビデオで見た場面そのままのものであった。文字を読むことはしても、不器用なこともあってか文字を書こうとしなかったＬくんが、五歳六カ月に保育所の特定の女の子の名前を言うようになり、その子に手紙を書きたいと言い出したのを機に、印刷された文字ではなく、直接的な対人的なやりとりの文脈の中で文字を生かすことができるようにと、伯父に頼んでＬくん宛ての手紙を書いてもらうといった工夫をされた。また、五歳一一カ月の時点でも、他者の視点に立つことができないために隠れんぼ遊びが理解できなかったＬくんに対して、スゴロクなどのゲームに取り組むことによって、自分の駒と母親の駒とを意識して競い合い、勝つことを目標にするようになった。その成果か、保育所での六歳一カ月の運動会では、指導する体操の先生が、Lくんには組み体操の参加は無理だと考えていたのに、Lくんがやりたいと言い出し、何とか参加することができたという。

このように、的確に判断し色々な工夫ができる母親だったが、筆者が特に感心したのは、自分が体験したことを自ら人に語ろうとしないLくんに代わって、就寝前に母親が覚えているLくんの一日の出来事の語り聞かせに根気強く取り組まれたということである。母親によると、特に何かを意図して取り組んだのではなく、一日が終わってリラックスしているときにできることとして始めたのだという。Lくんは、六歳になっても自分自身を何かに見立てるごっこ遊びや、人形を誰かに見立てて遊ぶということはしなかったが、一日の出来事を語り聞かせる取り組みが、自分自身のことを対象化して捉える力を養うことになったのか、六歳五カ月には、ようやく保育所であったことを自ら語るようになった。またそれに先立って、もともと人物の絵を描くことは少なかったということだが、六歳一カ月に、人物と背景となる場面といった構図のある絵が初めて描けるようになった。このころに、物語理解の力が育っていったようで、ある日の夕食時にふと、〝僕、生きててよかった〟と語ったという。どうしてそう言ったのかを確かめてみると、文字に強かったLくんが、一人で「クリスマスキャロル」の本を読んでおり、貧しくて薬が買えずに亡くなった子のことを思って言ったことだとわかったということであった。表現の仕方やタイミングは独特であっても、Lくんが読み物の登場人物のことを自分に重ね合わせて理解するようになったことがうかがえるエピソードである。

繰り返しになるが筆者は、これらの母親の取り組みを感心して聴きつつ、母親がされてきていることの発達的な意味づりを伝えようとはしていたが、例えば一日の出来事を語り聞かせることの意義などは、その後に出会った実に多くの保護者の方々に、アドバイスとしても使わせてもらった。筆者の方が学ばされることが多かったように思っているのだが、このころのことを母親に振り返ってもらうと、療育に通っていたころは、まだLくんのことをどのように受け入れれば良いのか迷いつつも、来所して日々の出来事を語ることによって、自分自身と向き合うことができて、揺れていた気持ちを整理して安定を図ることに役立っていたということであった。また、母親としての正直な気持ちを話せる、とても貴重な時間となっていたと感じていると振り返られた。

（3）保育所について

当時はまだ、障害児保育についての体制や理解があまりすすんでいなかったこともあったからか、母親は、家の近くの幼稚園や保育所に、Lくんを連れて入園の相談をして回ったが、多動であり意思疎通が図りにくいということで、入園を断られたという。しかし、少しずつ範囲を広げて探す中で、家庭の事情に応じて自由契約で受け入れてくれる保育所を見つけ、三歳で年少組に入園することとなった。幼稚園のように夏休みがなく、コンスタントに通えるという点で、保育所の方が結果的に良かったと思うとのことであった。

入園してみると、団体行動をとることが難しく、先述のように、年長組になってようやく自らも運動会に参加したいという気持ちなどが持てるようになったが、Lくんにとっても保育所生活はストレスが高かったようで、発熱することが頻繁にあった。当時通っていた小児科からは、学習障害ではないかと言われたという。

年長組になってから、ようやく保育所であったことを話してくれるようになったということはすでに記したが、それ以前から母親は、他児との関係が、保育所という場で出会ったときだけの関係のようになっていることに気づき、保育所以外の場所でも他児と遊ぶことで関係が深まるのではと考え、休日などに家に友だちを招いて遊ぶ機会をつくるようにしたと言う。そして六歳四カ月のときには、母親が子どものときに友だちはいたのかとか、どんな遊びをしていたのかといった、母親の過去のことについて尋ねてくるようになったということであった。

ニキ・リンコは、小学生になってもまだ、〝クラスメイトは学校の備品だと思っていた〟と語っているが（ニキ・藤家、二〇〇四）、発達に障害がなかったとしても、例えば年少クラスの子らは、保育所の先生は保育所に住んでいるものだと思っていたりする。しかし、おそらく四歳以降になると、自分が家から保育所に通って来ているように、先生やクラスメイトらも他所から保育所に通って来ているということを、特別な機会を経ずとも理解していけるようになる。自分の立ち位置だけから捉える視点から離れて、他者視点にも立てるようになり、自分に家があるように、先生やクラスメイトにもそれぞれの家があると想像できるようになるからであろう。

しかし、自閉症スペクトラム障害のような発達上のつまずきがある場合、例えば筆者が療育で会っていた女の子の保育所での様子を見させてもらうために見学に行ったところ、療育ではいつも楽しそうに過ごせていたのに、筆者を見たとたんに激しく泣かれたことがあった。彼女にすると、筆者と保育所で会うことを予期していなかったというだけでなく、筆者のことを療育で通っている場所にいる人としてのみ認識していたからではないかと思う。Ｌくんの母親の気づきと取り組みの工夫がなければ、Ｌくんも小学校にあがってからもニキ・リンコと同じような認識の仕方をしていたかも知れない。

（４）小学校について

おそらく年長児を対象に行われる就学時健診で何らかの問題を指摘されたのだと思われるが、就学前に教育委員会の機関に出向いて、検査などを受けたと言う。その結果の数値などは、保護者には伝えられず、直接居住地域の小学校長に伝えられることになっており、就学前に学校長と面談を持ったということだった。母親は、Ｌくんの可能性を信じたいということで、特別支援学級ではなく普通学級を希望されたという。学校生活での配慮を得るために、入学してすぐに母親から担任に時間をとってもらい、面談を希望したということだった。一、二年を同じ先生が担当することになったが、連絡帳や電話での連絡などをまめにしてくれて、非常に手厚く見てもらえたという。また、母親自身、積極的に学校の役員などを引き受け、Lくんが学校で迷惑をかけたりしていないかを確かめるようにしたり、登下校時に交通整理のボランティアなどをすることで〝顔を売って〟、Lくんの学校での様子について情報を集められるように努めたということであった。そうすることによって、特に顔見知りになった女児らが、自らLくんの学校での様子を教えてくれるようになったという。

学習については、夕食後、母親がついてずっと復習の時間を持つようにしていたそうである。それによって、Lくんにとってどこがしんどいのかがわかるだけでなく、次第に得意なところもわかるようになり、どの部分は本人に任せることができるかもわかっていったということであった。そして、高学年になってからは、算数など苦手な分野を個別指導塾に通って補うようにもしたという。

(5) 中学校について

Lくんは、四歳のときから民間のスポーツクラブに通っていたが、そこで陸上競技をしていたこともあり、中学に入ると、陸上部に入ることを希望した。そこの顧問が、丁度Ｌくんの担任であったが、上手にリーダーシップを発揮してクラス運営をしていくことのできる先生であったという。母親は、その先生に担任を続けてくれるようにお願いし、結果として三年間担任をしてもらえたということだった。クラブ活動などにおいて、他の生徒たちには簡単にできることも、本人は努力して取り組みつつも結局はできないことも多かったということだが、例えばよく配慮のできるタイプの子をＬくんの身近に配置するなどの配慮をしてくれて、他児から攻撃されるようなことはあったものの、先生の技量によって守ってもらえたと思うということであった。

小学生から中学生になるということは、どのような子どもにとっても大きな変化を経験することになる。授業が教科担任制となり、教師によって授業の進め方などが違うことに戸惑うことも少なくないだろう。一方で、いくつかの異なる小学校から集まって来たにも関わらず、皆と同じように行動することが求められるという点で、発達につまずきがなかったとしても、適応するのにかなりエネルギーを要するものと思われる。今では、特別支援教育コーディネーターという、学内で支援が必要な子どものことを掌握し、支援を組み立てていく役割が設けられているが、子どもからすると、困ったときに相談できるキーパーソンがいるということ、また、自分のことを一貫して見守ってくれる人がいるということが、それぞれに思春期の課題をかかえつつ、新たな集団生活を体験する中学生活を送っていく上で、非常に重要なことだと考えられる。Ｌくんは、三年生になって最後の大会でようやく公式戦に出場することができ、最下位ではない記録を残したという。

中学時代のエピソードとして、Lくんが自転車に乗っていて、自転車同士での事故を起こし、救急車で運ばれるほどの怪我を負うということがあったという。母親としては、事故のことだけではなく、そのような予期せぬような事態に、Lくんがパニックに陥ったのではないかということも心配したということだったが、怪我を負った中でも、初対面の相手に対して、自分に何が起こったかといったことの説明ができたということだった。Lくんの中で育ってきていた、自分自身のことを対象化して捉える力が、そのような咄嗟の事態でもうまく発揮されたのだと思われる。

(6) 高校について

大学にまで進学した方が良いという中学の担任の勧めがあり、Lくんは、同じクラブの子らも沢山受験する私学の進学校を受験し、入学した。授業の進め方は、大学の予備校のようなカリキュラムで、Lくんがしんどさを覚えることもあったようだが、個別指導塾も利用し、学習を補ったという。そして得意教科もあり、その資格試験に合格し、指定校推薦で大学に入学する道を開くことができたということだった。

（７）大学について

四年制大学の文科系の学部に入学できたが、本人が必要な情報をうまく集めたりすることができないために、まずは履修登録の仕方でつまずいたという。また、高校時代に塾の先生から、〝大学に行ったら遊べる〟と聞いていたことから、遊びはしないものの、勉強をしなくても良いという本人の思い違いがあり、またコミュニケーションが苦手なため、正しい必要な情報が本人には伝わってこなかった。結果として、単位が不足して留年しそうになり、本人に学生相談室の利用をすすめたものの、それでは対応しきれず、母親が大学に出向いて相談したという。このときにはすでに、医療機関で自閉症スペクトラム障害の診断は受けていたが、Ｌくん自身が自分の適性を考え、情報を集め、自己アピールを行うといったような就職活動を行うことは難しく、かといって大学の就職相談室も、当時は発達障害を持つ学生に対応できていなかったということで、まずは単位を修得して卒業を目指すことに方向を絞ることにしたということであった。Ｌくんが卒業論文として仕上げたものは、一定の評価を得たということだった。

卒業の目途がついてきたので、発達障害者としての就労を考え、他都市の専門の就労支援センターからの紹介でインターンシップを体験することができたという。母親はその結果を大学にも伝えたということであった。それは、このような制度を必要とする学生は、Ｌくんだけではなく、大学としての課題でもあると考えたからとのことだった。その結果、大学関係者が支援センターに見学に訪れたということであった。

大学生時代のエピソードとしては、Lくん自身が飲食業店でのアルバイトを見つけてきたが、手際よく作業をこなしたりすることができない中で、きつく指導されることもあったようだという。店の方からは、Lくんにシフトを入れることができないと言われたそうだが、店から断られているとは捉えずに、Lくんとしてはアルバイトを続けたいと思っていたそうである。自転車での事故のように、自分の身に起こったことの説明はできるようになっていても、自分自身に何が向いているのかという判断は難しく、かえって苦手なことを選んでしまいつつも、それが不向きであるという判断も自分では難しかったのかも知れない。

（8）大学卒業後について

卒業後、すぐに就職することは難しかったため、発達障害に特化して新規にオープンした就労移行支援センターの一期生として通うことにした。そこでは、きちっとしたカリキュラムがあり、ビジネスマナーやパソコン操作について学んだり、企業の現状についての講義などもあり、保護者も含めた三者懇談の機会もあったという。また、そこから紹介されて職業実習を行う機会もあった。そこに二年間通った後、実習を通してLくんのことを知ってもらえた発達支援センターに就労することとなり、利用者のためのサービスを行う職務について、就労を継続しているということである。

母親の思いとしては、大学で学んだことを生かし、得意科目などに関連した事務系の仕事に就くのが良いのではとも思っていたということだが、Ｌくんとしては、じっと座って仕事をするよりも、身体を動かしつつ働くことが向いており、利用者からお礼を言われることを喜びとして仕事を続けているということである。このことを通して、親が望むことと本人の適性による仕事や生活スタイルに違いがあるということを、親子ともに受け入れていく必要性を感じているということであった。

母親がこれからの課題として言われたことは、Ｌくんが、結婚をしたいと言いだしたことだという。Ｌくんは、家族のことが好きで、一緒にいるときにリラックスできているということは感じていたが、誰か新たな他人と出会って一緒に生活していくことを願うようになるとは思っていなかったので、当惑もされているということだった。しかしそのことに対しても、自閉症協会に入会して新たに情報を得ようとするなど、すでに母親は新しい歩みを始めておられた。

（9）インタビューを振り返って

以上のように、Ｌくんの母親にインタビューを行うことによって、筆者が直接関わりをもたなくなってからの二〇年間近くも含めて、長期に渡る歩みの経過について知ることができた。その中で教えられたことを、次の三つの視点から整理して述べることにする。

制度的な問題について

インタビューの最初に母親が語られたのは、自分が職業を持たない専業主婦であったからできたことが多く、現代の仕事をもつ母親にとって、充分な参考にはならないのではないかということであった。Lくんの母親が、Lくんの育ちを支えるために、非常に多くの時間を捧げたことは間違いなく、また時間の問題だけでなく、Lくんにとって大切なことを考え、それを実践していく力は、誰にでも期待できるものではないと思う。また、当時は、発達障害を持つ子どもへの支援が、制度的に整っておらず、母親自らLくんを受け入れてくれる園を探し回るなど、せざるを得ないことも多かったのだろう。しかし、まさにLくんの発達支援の主役として、主体的な判断のもとに行動された過程から学ばされることが、非常に多くある。

①療育

知的な能力がキャッチアップしていったLくんは、学齢期には少なくとも療育手帳の対象ではなくなっていたと思われるが、発達障害についてはまだ未診断であったこともあり、現在でいう移動支援のような制度を利用することはできなかった。しかし、小学校高学年ころになって、L

くんにとって、第三者から兄のように関わってもらうことによって行動範囲や社会経験を広げていくこと、そして、本人が未来像を持てるようになることが大切だと考えた母親は、その役割を負ってもらうべく発達心理学を専攻する大学生の男性に依頼し、中学入学以降も継続的に関わりを持ってもらっていたという。そのように、利用できる制度がなかったとしても、Ｌくんにとって必要と思われる環境を自ら整えていかれたのだということを、この度改めて知った。

現代では、例えば保育所等訪問支援事業のような制度も創設され、たとえ保護者が就労のため、子どもを療育機関に連れていくことができなくても、療育者が保育所などに出向いて療育を行うということも可能になってきている。多様なサービスが用意されるということは、子どもの発達支援にとって望ましいことだとは言えるが、必要なサービスを受けるためには、発達に課題を持つ子どもと歩み始めたばかりの保護者であったとしても、何が自分の子どもにとって必要であるかをすでに知っており、どのような制度を利用するかを的確に判断していくことが求められるということである。Ｌくんの母親は、子どもに発達の課題があったからこそ、ここまで自分で考えたのであり、Ｌくんによって育てられたと語られたことがあったが、主体的に深く関わりを持ったからこそ、何が必要であるかということに気づいていかれたのであり、決して最初からわかっていたわけではないと思う。

また、療育機関の利用が、かつては自治体から措置されるという形で行われていたのが、現在では保護者による契約という形となり、より主体的に保護者が必要と思える療育を選択できるように制度が変えられてきた。しかしそのことは、療育を行う側からすると、契約を結んでもらって多くの利用者に来所してもらえることで経営が成り立つということであり、実際に個々の子どもと出会うより以前に、ある特定の療育方法によって提供できる療育効果をあらかじめ謳っておくことが不可欠であるということである。例えば、「集団療育を通して子どもの集団適応能力を育てることにより、就学のための準備を行う」という目的の方が、「個別療育を通して、個々の子どもの育ちに必要なことを、保護者とともに考えていく」と言われるよりも、保護者としては選択しやすく、また、人件費や稼働率などの経営面からの効率としても優れているだろう。

筆者は、集団療育の意義を否定するのではないが、少なくともLくんの母親に個別療育の中で個人的に出会い、わずかな関わりではあっても、その発達過程を支援する伴走者として学ばせてもらったことは非常に多く、その後に出会った多くの方々に、保護者の関わりによって子どもの自己形成を支えていかれた実例として伝えさせてもらっている。

②就学から就労まで

就学後については、保護者が特別支援学校や特別支援学級を選択したとすれば、比較的教師の異動は少なく、数年単位で担当してもらうことが可能だが、教育委員会の方針によっては、通常学級では毎年担任を変更するようにしているところもあると聞く。学習指導要領には、各学年での達成目標が定められており、担任には、一年間で一定の結果を出すことは、当然のこととして求められてもいるとも言える。しかし、発達に課題をもつ子どもは特に、外から定められた外なる課題にタイムリーに対応していくことに困難を抱えているわけであり、それぞれが内なる課題を抱えつつ、その時々を生きていっていると言える。そのことを理解し、そのために必要な支援を考える上では、やはり数年間にわたる継続的な関わりが必要となるだろう。母親が中学校の担任に継続的な関わりを依頼し、それが実現できたことは、非常に大きなことだったと思う。Ｌくんの中学時代は、決して平穏ではなく、例えばきつく攻撃をしてくる女子生徒などもいたようだが、何が起こっているかを把握し、その時々に必要な人材などを活用してＬくんが中学生活を乗り切ることができたのは、継続して関わりを持った担任の力によるところが大きいと思われる。

進学校を経て四年制大学も卒業したＬくんに対して、そこで学んだことを生かしての就労を母親も期待されていたようだが、そのようにはならず、大学卒業後の就労移行支援センターでの学びや、就労への橋渡しが必要であった。大学によっては、発達障害を持つ学生を支援するための支援員として臨床発達心理士を配置したり、学生相談室の充実を図ったりしているようではあるが、企業が求める人材が、すでに高度な実務能力やコミュニケーション能力を持つ者となりつつあり、かつてのように終身雇用制の中で、入社してから教育するという形ではなくなってきている現状がある。障害者雇用枠は、療育手帳だけでなく、精神障害者保健福祉手帳を持つ者も含む形で雇用率の規定が引き上げられていってはいるが、発達障害を持つ人が社会に出ていくための実践的な学びをする場として、就労移行支援センターなどの役割は、大きいものと考えられる。

アセスメントについて

①あえて診断を受けなかった時期

子どもへの支援を考えるための心理アセスメントは、正確に行われるべきであることは言うまでもないが、実際には、診察室や検査室での出会いによってだけでは、その子の状態像を正確に捉えられないこともある。Lくんの場合、最初の受診で自閉症スペクトラム障害ではなく、知的障害としての問題が大きいと判断されたため、知的障害児を対象とした単独通園施設に通所するようにという提案がなされた。しかし母親は、他児との関わりを重視し、一般的な保育所と療育の並行利用という方法を選択されたのだが、適応の難しさはあったものの、療育機関で筆者が発達検査を二回行ったところ、初回の児童相談所での三歳四カ月時点での検査も含めて、毎回数値は上がり、五歳九カ月では境界線級となり、知的障害とは言えない状態にまでキャッチアップした。つまり、当初の診断は誤っていたのだと言える。

一方で、表出に対して受容が弱いなど、コミュニケーションの発達には偏りが見られ、筆者としてはむしろ自閉症スペクトラム障害の可能性はあると考え、再度児童精神科受診を勧めたことがあったが、母親からは、〝診断を受けることで自分が諦めてしまうような気がする〟と断られた。そのときのことをインタビューの中で再度振り返ってもらうと、先のことはまだわからないという思いでおり、診断によって何かを決められることで、先の可能性を打ち切られるような気がしたからということであった。しかし、検査から言語・社会面での数値に対して、具体物の扱い方などによって判断する認知・適応面の数値の方が低く、五歳九カ月時点でまだ利き手も明確でなく、左右をうまく分化して使えず不器用であるといった問題が見られ、自分の身体をうまく使いこなせることも課題として考えられた。そのことについては、筆者からの指摘をきっかけとして、六歳から感覚統合訓練に通い、一二歳まで続けている。

中学生になったLくんは、自ら他者との違いを感じるようになり、精神科に連れて行って欲しいと言うこともあったということである。母親はおそらく、その時点では自閉症スペクトラム障害だろうと考えておられたようだが、もしそこで受診していたら、年齢から考えて、本人にも障害を告知されることになると予測された。そしてそのことが本人の中で混乱を招く危険が大きいと感じ、それを避けたくて受診を先延ばしにしたのだと言われた。本人がしんどさを覚えるときに、医療に頼り、正式な診断を受け、それに基づいて援助方針を立てていったり、場合によっては投薬などの必要な医療的ケアを受けることは、当然必要なことではある。しかし、障害の告知というものは、そのことが本人がよりよく生きていく上で役立つものでなければならない。母親は、受診が不要と考えていたのではなく、この時期はまだ医療的な支援を求めるべきではないと判断し、中学の担任の指導力に期待したり、学力を上げることに力を注がれたようである。

②その人らしく生きていけるためのアセスメント

Lくんが受診し、自閉症スペクトラム障害という診断を受けたのは、大学生になってからのことである。なぜその時期に受診されたかを尋ねたところ、進学校であった高校時代などとは違って、大学では、ぎすぎすせずに、本人のことを否定することなく受け止めてくれるような友人に恵まれ、本人が比較的落ち着いて日常を過ごせるようになったことと、テレビや本などの情報から、もしかすると自分が発達障害なのかも知れないということを、本人が少し客観的に認識できている様子を感じた時期だったからということであった。

青木（二〇一三）は、精神科医として患者と出会うときは、その人に心理的・環境的な負荷が加わったときであることが多く、ともすると〝最大瞬間風速〟の中での診断になってしまいがちだと述べ、危機や緊張のときが過ぎると、発達障害らしさが和らぎ、診断するに足る特質を示さないこともあるという。だからこそ、落ち着いて診断するという姿勢が求められると指摘している。本人が落ち着いた時期に受診して、自閉症スペクトラム障害という診断を受けたLくんは、やはりその特徴を明確に持っているのだと思われるが、Lくん自身がそのことを受け入れたからこそ、発達障害をもつ者として就職活動を展開していけたのだろう。現在では、月一回の精神科受診でカウンセリングを受け続けているという。また、自ら発達障害がある人と関わる仕事を通して、自分自身のこととも向き合っているようだということであった。

心理アセスメントというものは、例えば血液検査のように、数値だけで判断されるものではなく、人と人とが出会う臨床的な場の判断としてなされることであり、人間が行う以上、誤りも起こり得る。その中にあっても、できるだけ正確を期するべきなのだが、正確なアセスメントであれば、いつの時期になされても良いということでもないのだということも教えられる。あくまでもアセスメントは、その人がその人らしく生きていけることを助けるためのものであり、Ｌくんの母親は、自分にとって必要なとき、Ｌくん自身にとって必要なときを見極めて行動されていたのだろう。

支援について

Ｌくんが中学校にあがる前に、母親から筆者に電話があった。かつて関わりを持っていた人から連絡が入ると、何か現状で困っていることがあり、そのための相談であることが常であったが、そうではなく、無事に小学校生活を終えることができたということの報告であった。本書で繰り返し述べてきたように、支援者として関わった子どもが、その後どのように歩んでいるのかというフィードバックを受けることは、支援のあり方を見直し、力量を高めていく上で非常に大切なことだが、わざわざ無事に過ごしているということを伝えてもらうのは初めてのことであった。その電話で母親は、〝必要なときに必要な助け手と出会えた〟と語られ、筆者も一応その助け手の一人として数えてもらっていることを、とても嬉しく感じたことをよく覚えている。今回のインタビューでも、母親は、自分が出会いに恵まれてきたと語られたが、同時に、出会いを出会いとして意味づけていくことが大切だと思うという意味のことも話された。おそらく、この人の援助が必要だと思われたときに、主体的に関わりを持つように心がけてこられたのだろう。今までLくんのことで、どのようなところに相談し、どのような支援を受けてこられたのかということを聞かせてもらう中で、学校生活に困難を覚える生徒のための相談窓口や、発達障害者を支援するために設立された機関であっても、相談を中断されているところがいくつかあった。それは、Lくんと母親にとって、本当に必要な支援は何かということを見極めて歩んでこられた結果であると思う。

また、母親の歩みを振り返ると、例えば、寝る前に一日の出来事を語り聞かせるといったように、まずは母親であるからこそできることを、様々な工夫の中で実践しつつ、その上でLくんの社会的な経験を広げるために、例えば保育所の友だちに休日に家に来てもらうことや、大学生に外出につきそってもらうなど、母親自身が周囲の助けを得るための動きをされていったことがわかる。いわゆる専門家から支援を受けるということについては、六歳から感覚統合訓練を継続して受けたり、必要に応じて言語聴覚士に相談されたりはしているが、自閉症スペクトラム障害ということに関しては、Ｌくん自身が落ち着いて受診できると考えられた成人して以降の通院開始となり、そして大学生の後半から、発達障害者の就労を支援する専門機関を利用したという形になっている。いつ専門的な支援を受けるかということ自体も、母親が主体的に選択されてきたのだと言える。また、例えば中学の担任に続けて受け持って欲しいと申し出られたり、大学生になってからであっても、卒業や就職に向けてどうすれば良いかという相談のために大学にまで出向いたりと、必要と思われるときには、母親自身がアクションを起こしている。おそらく、自分自身のことを客観視する力が弱いＬくんにとって、よりよく生きていく場を切り開くためには、Ｌくんの年齢などには関わらず、母親自身が動いて場を整えることが必要だと考えられてのことだろう。

改めて、Ｌくんの母親の考えの深さと実行力に感嘆させられるが、決してこの母親が特別なことをされたというわけではない。子どもと関わり、子どもの勉強をみたり、担任を信頼して連絡を取り合ったりと、普通のことをされてきたとも言える。但し、それぞれのことを、長期に渡り、非常に丁寧に実行されたのだと思う。

主体性を育てる

また、母親の話を聞いていて感じたのは、子どもにとって必要なことを深く配慮しつつも、子ども自身の主体性も大切にされていたということである。例えば、保育所の年長のときに、Lくん自ら組み体操に参加したいと言ったことや、中学の部活動を自分で選択したこと、大学でアルバイトを見つけてきたことなどにそれが表れている。それらの選択が、必ずしも本人の適性に合っていたわけではないようだが、Lくん自身が選択するということを大切にされていたのだと思わされる。

就職については、Lくん自身の力だけで見つけることは難しかったようだが、最終的には、母親が思い描いていたようなものではない方向に進んだ。しかし、本人が利用者に喜んでもらったことを、本人の喜びとして仕事を続けられているようだと語られた母親は、やはりLくん自身が歩んで行く道を尊重されているのだと思わされた。そしてそのことの結果として今では、Lくん自身が自分の家庭を築きたいという主体的な思いを持つまでに至っているのであろう。

発達障害についての早期診断・早期介入の重要性が言われるようになって久しく、また様々な支援やサービスが生み出されてきた。支援を必要とする子どもを、できるだけ早く見いだし、その保護者への支援を開始することが大切であることには違いないが、それは、子どもに対して、保護者に代わって保護者より優れた関わりを専門的に行うというようなことであってはならないと筆者は考える。今回のインタビューを通して改めて教えられたことは、本当に長期的な視点に立って必要な支援とは、発達的な特徴を持つ子どもを育てていくための自信を保護者に持ってもらうことであって、決してその子どもや親の主体性を損なうものであってはならないということである。

おわりに

三〇年以上前に発達臨床の仕事を始めたときには、障害児を支援した経験は皆無に等しく、また自分自身の子どもを育てた経験もなかった。そのような者が、障害を持つ子やその保護者に、援助者として何ができるのかという自問自答をしてきたが、それでも継続的に療育に通って来てくれる子どもや親との関わりを通して、少しずつ経験を積み上げてくることができてきた。また、自分が関わっている事例を、スーパービジョンや事例検討会に出すことによって、自分だけでは気づくことのできない、多くの援助的な視点を得ようと努めてきた。しかし、援助者として関わろうとしていても、実際に、「障害児を持っていない人にはわからない」ということばを投げかけられたことも何度かある。そのようなときに、「いいえ、わかります」と言い得る根拠は、何もない。つながるということの大切さを述べてきたことに反するようではあるが、人は誰でも、自分のいる位置からしか生きられない、孤立的な存在であることもまた事実である。だから、筆者にそのようなことばを投げかけてくる人の完全な理解者になることはできないが、しかしその人もまた、自分自身の経験をもってしても、障害児を持つ全ての親たちのことをわかっていると言うことはできないであろう。

一方、アセスメントの場において、例えば「将来ことばが話せるようになるでしょうか」といったような、何とか明るい展望を得るための問いを投げかけられることもある。しかし、アセスメントの場で明らかにできることは、〈現在のところ〉このような状況であるということに限られており、その子の将来について予想は立てられたとしても、断言できるものもまた何もない。

一人ひとりの人が、何を思い、どのように生きていくのかということについて、完全に理解したり予言することはできないのだが、私が援助者としてできることは、子どもに対して、このような取り組みをした保護者を知っているということ、また、このように育っていった子を知っているということを伝えていくことだと思う。多くの事例と出会い、そこから学んだことを伝えていくことこそが、援助者として、子どもの発達支援に生かされるようなつながりを作る上で果たせることだと考えている。

ところで、第4章3節でとりあげたLくんのお母さんから、インタビューの後日、お手紙をいただいた。その中に、Lくん自身が、自分が生まれてきたことの意味を問うような問いを親に投げかけてきているということが書かれていた。それは、胸が熱くなるような、非常に重たい問いではあったが、同時に、そのような問いができる力を育んでくることができた親子の関係の深さも思わされた。子どもが、自分自身の存在をかけたような問いを投げかけるということは、その問いを受けとめてもらえるという、相手への信頼感があってこそできることだからである。

帰宅途中、筆者の娘の幼稚園のときの同級生と母親が歩いて来るところにすれ違った。その同級生は、発語はなく、現在は作業所に通っているが、小学生のころは、筆者と時折体育館で一緒にバスケットボールなどをして遊んだ間柄である。お互いにことばを交わすことなく、交互にシュートをうったり、彼女がバックボードを指差したら、筆者がボードに向かってジャンプするのを見て笑ったりといった遊びをしていた。久しぶりに顔を合わせたが、お互いに手を上げて挨拶した後、彼女が腕を降ろして手の平を上にして筆者の方に差し出してきたので、筆者がその手にタッチをして別れた。温かい手だった。

ことばで関わりを持つこと、ことばだけでは交わしきれないとしても相手に投げかけようとすること、ことば以外の方法でも交わし合えること、いろいろな人とのつながりの作り方があるのだと思う。たとえ充分に理解することはできなくても、つながりを作り出すことによって、それぞれの子どもらが、その子らしく生きやすくなっていくことを望むものである。本書がそのための一助となればと願う。日々のつながりの中で、筆者を支えてくれている家族に感謝しつつ。

二〇一七年一二月

古田直樹

解　説――心理判定は心理療法

田中千穂子

古田直樹さんが本を書くという。編集さんから本の概要を聞くと、私が待ち望んでいた本のような予感がする。その本にどのような意義があるか、書いて欲しいとの依頼。もちろん了解。原稿が来ていっきに読んだ。やっぱり私が望んでいた書だ。それは私にとってだけでなく、わが国のすべての心理判定をしている人々にとって、そして様々な課題を抱えている子どもの親ごさんとその支援者たちにとって、間違いなく指南書になる本という意味である。

私がはじめて著者の古田さんを知ったのは、いまからかなり前のこと。彼から届いた一通の手紙が添えられた論文の別刷が出会いだった。論文の詳細はよく覚えていないが、そこには関係性という視点から、子どもと親ごさんに関わっている著者の、控え目ではあるけれども熱い思いと意気込みがひたひたと感じられ、「いい臨床家だなあ」と思ったのがはじまりである。以降古田さんの心理判定の様相を見聞きする機会もあって、彼の心理判定、および心理判定書には、他者の追随を許さないスゴさがあると一層、感じるようになっていった。彼のような判定さんが日本にたくさんふえたら、どれだけわが国の子どもと親にとり、強い味方になるだろう。そのためにはどうしたらよいかを私は本気で考えた。まず浮かんだ方法は、古田さん自身が日本中を走りまわって指導してくれること。もちろんそんなわけにはいかない。また彼は児童福祉センターの心理さんなので、その地区以外の人は、彼の心理判定を受けることはできないし……と考えていって、彼の代わりに彼が心理判定の際に使う頭とこころの動きをできるだけ詳細に、具体的に記した本があるといい、その本が日本中をかけめぐれば、どういう姿勢で判定に臨めばいいのか、何をどう見ればいいのか、さらには既製の検査にどういう視点や工夫を補っていくと、より「目の前のその子」のことがわかってくるのか……ということのお手本を人々が得ることができるだろう、と考えたからである。これはまさに、そういう指南書である。

心理判定とはいうまでもなく、発達のかたよりを抱えていたり、心理的問題のために問題行動や症状を呈している子どもたちに心理検査を受けてもらい、どういう問題があるのかを明らかにすることで、その対応のヒントを見いだすために行われるものである。今では、子どもに発達障碍があるか否かを判断するために発達検査や知能検査が大流行。そのために全国各地で毎日、すさまじい量の心理検査が行われ、それに伴い、膨大な量の報告書が産出されている。

言うまでもなく、その検査の任を担うのは私たち「心理さん」である。もちろん、心理判定を主な業務とする心理さんもいれば、心理臨床面接を本務として付加的に検査も担当している心理さんもいる。後者のほうが圧倒的に多いだろう。私はこれまで、大勢の子どもたちの相談を受けてきた。彼らおよび彼らの親ごさんたちは初回に、どこかでとってもらった検査結果を持参することが多い。そのため私も膨大な数の心理判定書を目にする。そこにはもちろん、判定結果の個別のスコアや合成のスコアやその意味などが描かれており、加えてどういう工夫をするとよいかまで、ていねいに書かれているものが一般的となっている。中には「ああ、この心理さんはこの子の特徴をよくつかんでいるなあ」と感心する判定書もあるが、その記載が「目のまえにいるその子のあり様」とかなりずれているなあと感じる判定書もたくさんある。こういうスコアはこういう意味であり、どういう対処方略が適しているか、というような、どこかの教科書なりマニュアルからの転記が明らかになされているために、一見格好はよいものの、その子の個別性からは離れた判定書になっているのである。

例えば「符号」という課題のスコアが低い場合。これは制限時間内にお手本として提示された記号を正確に書き写すというもので、事務的に処理してゆくスピードが遅いということを示していると捉えられる。しかし、なぜそのスコアが低いのかにはいろいろな解釈が可能である。実際に目と手を一緒に動かす操作が苦手であるのはそうだろう。が、あまりにも慎重すぎて、絶対に間違えまいとするために低くなる場合もある。似た種類のより複雑な課題の成績がよいのにこの課題が低いなら、単純でつまらないから本人の「やる気」が刺激されず、低くなったということも考えられる。慎重すぎる場合には、完全癖とか強迫性、心配性といったことが背後にある可能性があるし、つまらない場合は、自分が「その気になるか否か」がその子どもの物事へのとりくみの鍵であり、本人がその気にならないと、もっている能力が表に現れてきにくい子どもである、という推測も可能となる。事務的処理の問題といっても、その背後にはたくさんの理由が想定できる。

これらの多様な可能性を含めて結果を判断するために、検査が改訂される度に様々な工夫が施され、基本検査の数値から複数の検査を束ねた指標の意味、それらの差の解釈や検査開始から終わりまでのプロセス分析等々、多面的、立体的に捉える視点が今日では具体的に提示されている。しかしあたり前のことながら、たくさんのケースから集積した結果で、「目の前のその子ども」そのものをくっきりと描きだすことはできはしない。だからハンドブックに描かれている知見を総動員して書いた判定書は、しばしば、立派で美しいものの、本人からかなりズレたものにならざるを得ないのである。

この問題が生じる理由は、心理判定というものの本質が、わが国でまだそれほどきちんと理解されていないことによると私は思う。検査をとることは心理なら誰でも一応学んでいるが、その限られた短い出会いのなかでも、いかに相手が自分を出し、それをこちらが読みこむかという深い関わりが可能であるか、ということがわかられていない。あえて言うなら、心理検査は心理療法的関わりよりも一段低く捉えられている、というのが私の素直な実感である。

しかし古田さんの判定はまるで違う。本書のなかの豊富な実例の一つをあげて見てみよう（第2章3節の事例C）。登校途中にライターを拾い、段ボールに放火してしまった小学校一年の男の子に、古田さんが心理判定さんとして会うことになった。検査としてＷＩＳＣ－Ⅲと人物画、家族関係の模式図という彼のオリジナルの検査が用いられている。知能検査の問いに対しては、その子はちょっとむずかしくなったり、面倒くさくなるとすぐに「わからん」と言ってあきらめてしまう傾向が顕著だった。そこで検査者はその子に「三つのお願い」を聞くものの、「わからん」と。そこで「サンタさんに何をお願いしたいか」と問うてみた。そうしたところ、即座に答えが返ってきた。もちろんこの問いも検査者のオリジナルである。これらのことから検査者は、この子はことばで表現する力は全体的には弱いものの、本人が心のなかにきちんと思い描いていたり、現実味があって関心のある問いであれば、ことばでの表出がしやすい子であると分析してゆく。さらに積木模様で最も高いスコアーを出していることから、完成図がはっきりと見えていて、自分がいま、何をすべきかが明確に示されれば、平均以上の解決能力を発揮することができる子である、と捉えてゆく。これは逆に、どうしたらよいかを自分で考えて動かなければならないような状況だと、よくわからないのでうまく対処できない、ということでもある。さらに家族関係の模式図からは、忙しい母親との間での関わりの少なさが示された。古田さんは、この子の今回の事件は彼が登下校時に何はしていいのか、何をしてはいけないのか、ということがよくわからない漠々とした状況下で起こったものであると捉え、彼にとってわかりやすくなるように工夫することを学校や両親に具体的に伝えていった。同時に、彼の表出する力をもっと育ててゆくために、親子が一緒にアルバムの写真をみながら、実体験をもとにことばで過去をふりかえってみる時間をもつことや、もうすこし書く力が育ってきたら、時間がとれない時には交換日記を書くなどして、彼の表現する力を育ててゆくことを両親に提案した。表現する力は表現を受けとめてくれる相手がいてはじめて育ってゆくものである。もっとことばで表現することができるようになってきたら、彼の「よくわからない状況下での対応」も変わってくるに違いない。そのために彼の表現の受け手としての両親の機能をあげていこうと考えたのである。こういう具体的な話は両親のこころに響き、おそらく家庭で工夫してくれたのだろう。この子は以降問題を起こさず、元気で適応的な生活を送るようになったとのことである。

通常、検査をとっていて、子どもが「わからん」と説明をあきらめてしまうと、その結果からその子はことばで表現する力が弱い、と判断してしまうことが多いだろう。しかし古田さんはそこでおさめない。どういう場合でもそうなのか、ある場合にはそうなのか、ということをより深く、しつこいほどに追いかける。検査で問われる問題は、その子どもが日頃から実生活のなかでいきいきと体験していたり、「いま話したい！」と思っているような出来事ではない、抽象的だったり本人にとってつまらない問いであることが多い。だから古田さんは次に「サンタさん」を登場させた。本当に何でもかんでも「どうでもいい」なら、これに対しても「わからん」と言うだろうと考えたから。しかし、やはり、そうではなかった。この問いによって、この子どもが全般的にことばによる表現力が弱いのではないということが、はっきりと見えてくる。さらに家族画では自分と家族との関わりのあり様を、拙いながらも描くことができたことから、表現したい内容が彼のこころのなかにある場合には表出できる、ということが浮かびあがってくる。だとするなら、どのようにして子どもが表現したくなるような機会を、たくさんつくってゆくかということが、その子の発達的課題への解決策となると古田さんは考える。このあたりが古田さんの真骨頂。一体どれほどの検査者が、ここまでの創意工夫を総動員して、その子どもの苦手だったり弱い部分をしっかりと見極め、そこを育ててゆくような提案をしているだろうか？

古田さんはきまりきった検査バッテリーを組むのではなく、その場その場で臨機応変に柔軟に課題を導入し改変させていく。その一例は「パズル片づけ課題」（第2章1節）。この独自の課題を工夫し、それに対する子どもたちの様々な答え方を見いだしてゆくあたりも、子どもの側に徹底的に立ってみつめていこうとするからこそ、思いついたアイデアだと脱帽する。先の事例のように、問題を子どもひとりに背負わせるのではなく、周囲との関係性の視点から捉え、家族の間でとりくんでゆけることを具体的に両親に提示してゆくプロセスもきめ細やかである。

また古田さんは落ち着きがなく、母親の手に負えなくなり、離婚していた父親のところに預けられたものの、父親もまた、その子をじっとさせるために暴力をふるったり縛ったりせざるをえず一時保護した就学前の男の子のケースをあげている（第2章2節のAくん）。その子は一時保護所でも暴れていて、その子どもの心理検査を担当することになった。その子が検査の形にはのってくれないために、古田さんが検査の中身を彼にあわせて変えてゆくやりとりのなかで、この子が語ったことは、自分とは何者なのかという根源的な問いであり、それを検査者である自分に投げかけていたと、後になって気付く。検査者に投げかけながら、同時に本人自身がその問いへの答えを導きだしてゆく瞬間が二人の間に訪れる。この検査が終わった後、彼の行動はびっくりするほど落ち着いたということである。このように、心理検査という限られた短い出会いのなかでも、この人は自分のことを理解し、わかろうとしてくれる人だと子どもが直感的にわかると、子どもは自分の抱えている大きな問いをしっかりと見せてくれる。

古田さんは、自分が検査者として工夫をこらしながら子どもと関わり、そこで子どもが表現したものを保護者とわかちあい、伝える過程を「ブリーフセラピー」と称している（第2章3節）。確かに短い時間のなかで効果的に問題の解決をはかってはいるものの、「ブリーフ」ということばの響きが私にはしっくりこない。この呼称につきまとってくる「簡便さ」という雰囲気が違和感を与えるのだろう。というのも、心理検査という、間口の狭められた、単発的な関わりでもきめこまやかにていねいに行っていくと、いかに奥行きの深い豊かな心理療法になり得るかが、ここに記されているからである。通常私たち心理臨床家が行っている、長期的な関わりのなかで関係を紡ぎあう心理面接とまったく同じ心理療法がここにある。そういう密度の濃い関係性で支えられた感触が、子どもや親たちのこころを動かし、検査後の問題を解決してゆく道へと彼らを誘ってゆくのだろう。検査という出会いだから、たいしたことができないのではない。問題は出会っている時間の長さではないということを、この本は私たちに教えてくれる。

私はこういう古田さんの判定者としての地道で誠実な子どもとその家族への個別性に富んだ関わりを、もっともっと多くの心理さんが真似して欲しいと考えている。私は判定の実際だけをここにとりだしたが、そのはか本書には、発達障害をめぐる状況や包括的心理アセスメント、保護者支援や障害をもつ子と歩むこと、といった視点から、発達障害の子どもたちへの心理判定をめぐる様々なことが描かれている。長年にわたる心理判定のなかで編み出した工夫やスキルといった手のうちを、これほどまでにていねいに描きだした本を私はいまだ見たことがない。心理判定は心理療法そのものだと私は思う。そういう風に考えてとりくむ心理さんが一人でもふえるといい、ということばでこの文章をしめくくりたい。

引用文献

第1章

Grandin, T., & M. Scariano, M　1986　*Emergence: Labeled austic.*（カニングハム久子（訳）　一九九三　我、自閉症に生まれて　学習研究社）

黒田洋一郎・黒田淳子　二〇一四　発達障害の原因と発症のメカニズム――脳神経科学の視点から　河出書房新社

Lorenz, K.　1949　*Er redete mitdem Vich, den Vögeln und Fischen.*（日高敏隆（訳）　一九七〇　ソロモンの指環　早川書房）

森口奈緒美　一九九六　変光星　飛鳥新社

山上雅子　二〇一四　終章　発達臨床における「関係性」の視点の復権　山上雅子・古田直樹・松尾友久（編著）　関係性の発達臨床――子どもの〈問い〉の育ち　ミネルヴァ書房　一九三―二二九頁

第2章

Avé-Lallemant, U.　1994　*Der Sterne-Wellen-Test.* Ernst Reinhardt Verlag.（小野瑠美子（訳）　二〇〇三　星と波テスト――発達機能・パーソナリティの早期診断　川島書店）

大六一志　一九九二　ＷＩＳＣ－Ｒ検査結果を解釈する手順　藤田和弘・上野一彦・前川久男ほか（編著）　新ＷＩＳＣ－Ｒ知能診断事例集　日本文化社　八―一九頁

大六一志　二〇〇五　ＷＩＳＣ－Ⅲ検査結果を解釈する手順　藤田和弘・上野一彦・前川久男ほか（編著）　Ｗ

ISC－Ⅲアセスメント事例集――理論と実際　日本文化科学社　一二一―四三頁
Frith, U. 1989 *Autism explaining the enigma.* Basil Blackwell.（冨田真紀・清水康夫（訳）一九九一　自閉症の謎を解き明かす　東京書籍）
古田直樹　二〇〇四ａ　発達診断と療育　発達、第九九号、五二―五九頁
古田直樹　二〇〇四ｂ　問題を抱えた子どもから見た家族――家族関係の模式図検査を通して　京都国際社会福祉センター紀要「発達・療育研究」、第二〇号、四一―五一頁
古田直樹　二〇〇四ｃ　問題を抱えた子どもから見た家族　日本発達心理学会第15回大会　発表論文集　一四五頁
古田直樹　二〇〇六　発達支援　発達援助――療育現場からの報告　ミネルヴァ書房
古田直樹　二〇一一　心理アセスメントにおける内的基準の活用について――ＷＩＳＣ－Ⅲの回答場面の分析を通して　児童青年精神医学とその近接領域、第五二巻第五号、五九一―六〇〇頁
古田直樹　二〇一二　子どもの包括的心理アセスメントの試み――家族関係の模式図検査の活用について　児童青年精神医学とその近接領域、第五三巻第五号、五九二―六〇六頁
古田直樹　二〇一四　序章　子どもの〈問い〉から教えられること　山上雅子・古田直樹・松尾友久（編著）関係性の発達臨床――子どもの〈問い〉の育ち　ミネルヴァ書房、一―六頁
浜田寿美男　一九九二　〈私〉というもののなりたち　ミネルヴァ書房
浜田寿美男　二〇〇九　発達心理学の制度化と人間の個体化　発達心理学研究、第二〇巻第一号、二〇―二八頁
日比裕泰　一九八六　動的家族描画法――家族画による人格理解　ナカニシヤ出版
伊藤恵子・田中真理　二〇〇九　自閉症児の指示詞理解における非言語的手がかりの影響　児童青年精神医学とその近接領域、第五〇巻第一号、一―一五頁

黒田美保・吉田友子・内山登紀夫・北沢香織・飯塚直美　二〇〇七　広汎性発達障害臨床におけるＷＩＳＣ－Ⅲ活用の新たな試み――三症例の回答内容の分析を通して　児童青年精神医学とその近接領域、第四八巻第一号、四八―六〇頁

森口奈緒美　一九九六　変光星　飛鳥新社

村瀬嘉代子　二〇〇三　統合的心理療法の考え方――心理療法の基礎となるもの　金剛出版

ニキ・リンコ／藤家寛子　二〇〇四　自閉っ子、こういう風にできてます　花風社

野口裕二　二〇〇二　物語としてのケア――ナラティヴ・アプローチの世界へ　医学書院

岡田智・水野薫・横田圭司・川崎葉子　二〇一〇　発達障害の子どもの日本版ＷＩＳＣ－Ⅲ知能検査法の再検査間隔に関する研究――練習効果と安定性について　児童青年精神医学とその近接領域、第五一巻第一号、三一―四三頁

岡本夏木　二〇〇九　言語使用の発達と教育――意味の成層化とストーリー化　発達心理学研究、第二〇巻第一号、一三―一九頁

築地典絵　一九九七　Family System Test による小学生の家族関係の表出　関西心理学会発表論文集、四八頁

上野一彦　一九九二　知能検査を活用するために　藤田和弘・上野一彦・前川久男ほか（編著）新ＷＩＳＣ－Ｒ知能検査診断事例集　日本文化社、二―七頁

上野一彦　二〇〇五　知能検査とアセスメント　藤田和弘・上野一彦・前川久男ほか（編著）ＷＩＳＣ－Ⅲアセスメント事例集――理論と実際　日本文化社、二―一一頁

Wechsler, D.　1991　*Wechsler Intelligence Scale for Children Third Edition.* The Psychological Corporation.（日本版ＷＩＳＣ－Ⅲ刊行委員会（訳編著）一九九八　日本版ＷＩＳＣ－Ⅲ知能検査法　日本文化科学社）

山口俊郎　一九八七　検査をするということ　京都国際社会福祉センター紀要　発達・療育研究、第三号、八七

―九三頁
第3章
東洋・上野一彦・藤田和弘ほか　一九九八　日本版ＷＩＳＣ－Ⅲ知能検査法（一　実施・採点編）　日本文化科学社
古田直樹　二〇一一　心理アセスメントにおける内的基準の活用について――ＷＩＳＣ－Ⅲの回答場面の分析を通して　児童青年精神医学とその近接領域、第五二巻第五号、五九一―六〇〇頁
古田直樹　二〇一四　家族に向けた心理判定結果報告書の発達支援への活用について――保護者アンケート調査を通して　児童青年精神医学とその近接領域、第五五巻第一号、五〇―七〇頁
浜田恵子　二〇一二　米国におけるASD（Autism Spectrum Disorders）の支援サービス　児童青年精神医学とその近接領域、第五三巻第一号、五四―六九頁
Huber, J. T.　1961　*Report writing in psychology and psychiatry.*（上芝功博（訳）　二〇〇九　心理学と精神医学の分野での報告書の書き方　悠書館）
生澤雅夫・松下裕・中瀬惇ほか　二〇〇一　新版Ｋ式発達検査二〇〇一実施手引書　京都国際社会福祉センター
岡田智・水野薫・横田圭司ほか　二〇一〇　発達障害の子どもの日本版ＷＩＳＣ－Ⅲ知能検査法の再検査間隔に関する研究――練習効果と安定性について　児童青年精神医学とその近接領域、第五一巻第一号、三一―四三頁
髙橋脩　二〇〇四　地域療育システムにおける自閉症の診断と説明　発達障害研究、第二六巻、一五三―一六三頁
竹内健児　二〇〇九　事例でわかる心理検査の伝え方・活かし方　金剛出版

田中康雄　二〇一一　発達支援のむこうとこちら　日本評論社
上野一彦・藤田和弘・前川久男ほか　二〇一〇　日本版ＷＩＳＣ‐Ⅳ知能検査　実施・採点マニュアル　日本文化科学社
上岡千世　二〇一二　心理検査——結果の有効活用と伝え方　児童青年精神医学とその近接領域、第五三巻第三号、三一六—三二〇頁
山中克夫　二〇〇五　当事者である本人やその家族に対する知能検査の結果報告の在り方——実際に報告を行った事例をもとに　筑波大学学校教育論集、第二七巻、三五—四四頁

第４章

青木省三・中村尚史　二〇一三　成人期の発達障害をどう考えるか　こころの科学、第一七一号、一〇—一五頁
古田直樹　二〇〇六　発達支援　発達援助——療育現場からの報告　ミネルヴァ書房
ニキ・リンコ／藤家寛子　二〇〇四　自閉っ子、こういう風にできてます　花風社

索　引

あ　行

か　行

さ　行

た 行

な 行

は 行

ま 行

ら 行

欧 文

資料1　心理判定結果報告書例

平成○年○月○日

心理判定結果報告書

○○　○○　様

○○○相談所

下記のとおり心理判定結果を報告します。

記

児 童 名　　：○○　○○　　　生年月日　：平成○年○月○日
検査実施施設：児童相談所　　　検査実施日：平成○年○月○日
実施検査　　：WISC-Ⅲ　　　　生活年齢　：10歳5カ月
　　　　　　　P-F スタディ
　　　　　　　家族関係の模式図検査
検 査 者　　：古田直樹

〈検査結果〉（WISC-Ⅲ）

		評価点
言語性知能	知識	9
	類似	4
	算数	10
	単語	5
	理解	5
	数唱	10
動作性知能	絵画完成	7
	符号	10
	絵画配列	11
	積木模様	12
	組合せ	6
	記号探し	9
	迷路	—

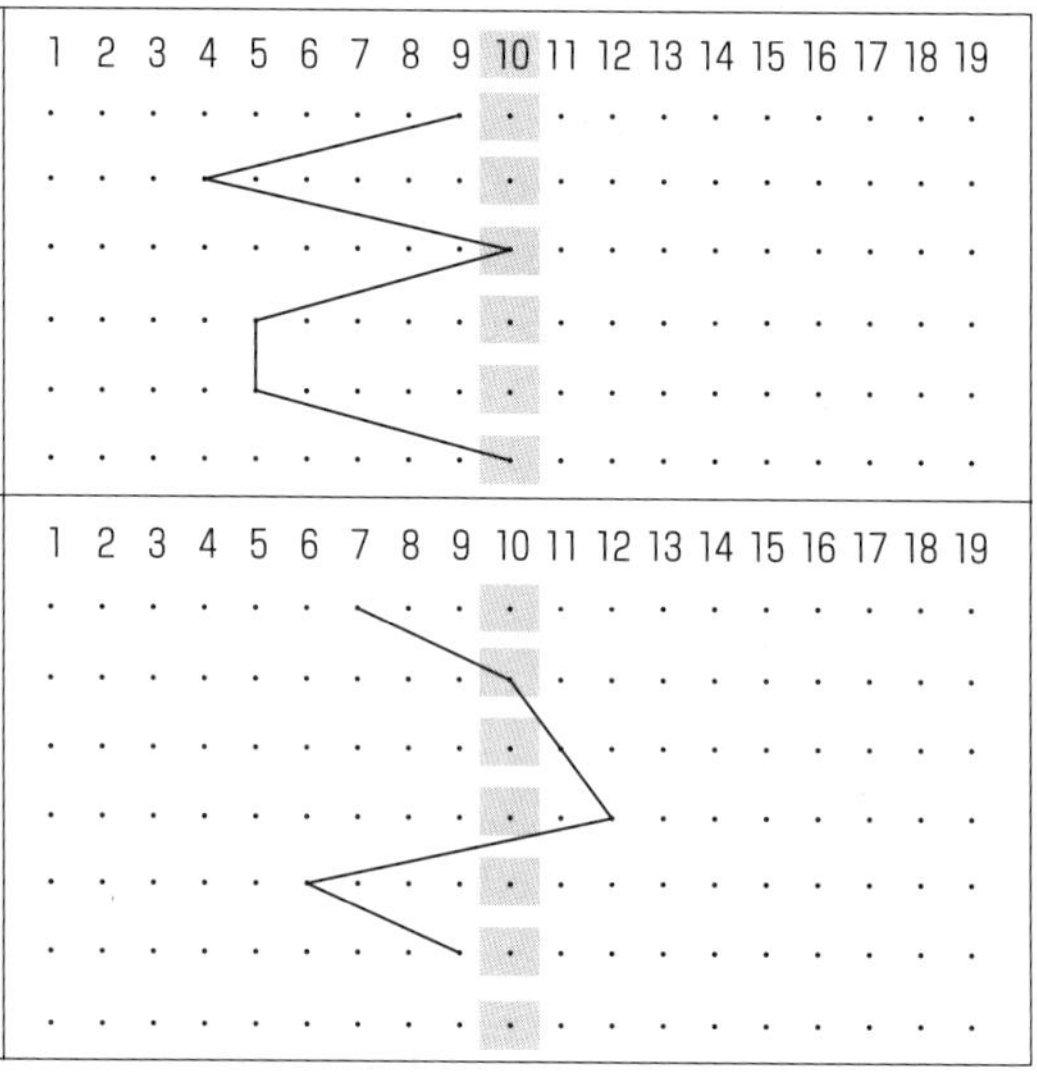

知能指数：全検査知能　85（言語性知能　79　動作性知能　94）

〈検査時の様子〉

単独入室で検査に臨みますが，言語性の課題では，かなり回答を待ってもことばが出てこないことがあったため，検査者から“難しい？”と聞くとうなずくことがありました。一方，手作業を行う課題では，楽しそうに取り組む様子も見られました。検査者からの質問には答えてくれましたが，積極的に話したり，本人から質問してくることはありませんでした。好きな科目は体育で，苦手なのは国語と言います。好きなことはサッカーなどのスポーツとのこと。もし三つ願い事ができるとしたらと聞くと，①“ゲーム”②“カード”③“お菓子”と，欲しいものを羅列しました。将来は，サッカー選手になりたいと言います。学校で楽しいのは，友だちと外で遊ぶとき。担任については，面白いけれど，怒ったら恐いとのことでした。今困っていることはと聞いてみましたが，“特にない”と答えました。

〈心理判定所見〉平均下知能・能力のアンバランス

知能面について，パズルなどの視覚的な作業を通して応用力が問われる動作性検査は平均の範囲ですが，主に聴覚情報を通してすでに蓄えている知識などが問われる言語性検査は境界線級であり，両者の差が大きいため，全検査指数はあまり意味をなさなくなりますが，一応平均下の範囲となります。

言語性の課題について，こちらが言った数を記憶して言ってもらう「数唱」は平均的な能力を発揮しており，口頭で言った文章題に暗算で答えてもらう「算数」も，簡単な割算の暗算ができており，耳で聞いた情報を扱う能力については特に問題はないようです。また，例えば太陽が沈む方向など，蓄えている知識を問われる課題（「知識」）も概ねできています。しかし，自らことばを選んだり組み立てて説明する課題になると，うまく対応できないことがあります。日常場面での判断を尋ねる「理解」では，簡単なものには妥当なことを答えられますが，少し難しくなると黙ってしまいました。また，二つのことばの似ているところを答えてもらう「類似」や，ことばの意味を答えてもらう「単語」では，うまく概念を用いて答えられることもありましたが，黙ってしまうことも少なくありませんでした。

動作性の課題では，記号の模写や識別は特に問題なくできています。絵を見て判断してもらう課題では，絵カードをストーリーになるように並べ直してもらう「絵画配列」は良くできており，全体が見通せた場合には，視覚的に状況を見て意味を読み取る力を発揮していますが，一枚の絵の中の足りない部分を見つけてもらう「絵画完成」は，注目点を誤ったり，難しくなると解決できないことがありました。図形を扱う課題では，ブロックで図版と同じ模様を作ってもらう「積木模様」が良くできており，本人も楽しそうに取り組んでいました。しかし，パズルを組み合わせて何かの形を作ってもらう「組合せ」では，シルエットだけのものになると何ができるのか見通しが立てられなかったり，一部の線にだけ注目

してしまうために，誤りに気づいて修正できないことがありました。

人からストレスをかけられた場面での反応から社会性の発達を見るP-Fスタディでは，特に場面を取り違えたりすることはありませんでした。全体に，解決策を工夫することが苦手で，相手に対してやや攻撃的に反応しすぎる特徴が見られました。本人からすると，相手から何か言われたときにうまく対処できないために，必要以上に身構えてしまっているのかも知れません。

家族関係を模式図的に描いてもらうと，母親を一番始めに描き，二人の姉が母親の近くにいるのに対して，本人が少し離れています。本人の一番近くに描かれたのは父親ですが，家族の誰も本人の方を向いていないように表現されていました。

総合すると，現時点で知的な遅れは見られませんが，能力のアンバランスはあります。全体に，すべきことや回答の方向性が明確な課題に対してはうまく対処できていますが，自ら探したり，想像をはたらかせたり，文章を組み立てるといったことが苦手です。そのために，他児から何か言われたときに余裕を持って対処できず，ときとしてそれが攻撃的な行動となってしまうのかも知れません。しかし，家族関係の模式図のように，表現の機会があると，自分の置かれている状況や感じていることを表現できないわけではありません。おそらく，家族の中で，姉らは母親とよくことばでやりとりできるのに対して，本人はやや疎外感を抱いているのではないかと推察されます。また，父親からのサポートをもっと得たいと思っているようにも感じられます。

対策として，例えば学校で先生のお手伝いなど，すべきことが明確なことで活躍できる機会を増やし，自分の力を人のために生かせるようにしていくことが，本人の有能感を高める上で大切ではないかと思われます。また，現時点で表現力の弱さはありますが，表現内容が乏しいわけではないので，例えば本人にデジカメで撮ってこさせたものや，本人がサッカーをしているところをビデオに撮ったものを，父親に見せながら話をする機会があると良いのではないかと思われます。表現力を育てるためには，表現の機会と受け手の存在が大切になります。また，本人にとって母親の存在が大きいようなので，就寝前などに，本人の一日の出来事を母親から本人に語り聞かせることをすれば，語るというスタイルを学ぶ上でも，また，母親がちゃんと自分に注目してくれているということを理解する上でも良いのではないかと思います。

以上，今回の心理判定の結果についてご報告しました。不明な点などございましたらお問い合わせください。

資料2　心理検査についてのアンケートの例

心理検査についてのアンケート

京都市児童相談所　児童心理司　古田直樹

過日行いました心理検査とその結果説明，心理判定結果報告書について，以下の問いにお答えください。

◇児童氏名＿＿＿＿＿＿＿＿＿＿＿＿

◇心理検査を受けることになったきっかけ
（例：学校で落ち着きのなさを指摘されて／家庭で片づけができず，忘れ物が多いことが気になってなど）

＿＿＿＿＿＿＿＿＿＿＿＿＿＿＿＿＿＿＿＿＿＿＿＿

＿＿＿＿＿＿＿＿＿＿＿＿＿＿＿＿＿＿＿＿＿＿＿＿

＿＿＿＿＿＿＿＿＿＿＿＿＿＿＿＿＿＿＿＿＿＿＿＿

◇心理検査結果の説明を受けたことについて（当てはまる場所に○をつけてください）

特に良かった　良かった　どちらとも言えない　あまり良くなかった　良くなかった

良かった点，改善すべき点などについてお書きください

＿＿＿＿＿＿＿＿＿＿＿＿＿＿＿＿＿＿＿＿＿＿＿＿

＿＿＿＿＿＿＿＿＿＿＿＿＿＿＿＿＿＿＿＿＿＿＿＿

＿＿＿＿＿＿＿＿＿＿＿＿＿＿＿＿＿＿＿＿＿＿＿＿

◇心理判定結果報告書について

特に良かった　良かった　どちらとも言えない　あまり良くなかった　良くなかった

良かった点，改善すべき点などについてお書きください

＿＿＿＿＿＿＿＿＿＿＿＿＿＿＿＿＿＿＿＿＿＿＿＿

＿＿＿＿＿＿＿＿＿＿＿＿＿＿＿＿＿＿＿＿＿＿＿＿

＿＿＿＿＿＿＿＿＿＿＿＿＿＿＿＿＿＿＿＿＿＿＿＿

◇心理判定結果報告書の活用について（当てはまるものに〇（複数可）をつけてください）

・学校に提出　・家族への説明に活用　・医療機関に提出
・結果説明の内容の確認のため　・その他（　　　　　　　　）

文書が子どもの支援に役立ったと思われることがあればお書きください

____

◇検査結果をもとになされたアドバイスについて，役立った点や改善すべき点についてお書きください

◇その他，ご意見などございましたらお書きください

※なお，アンケートが回収されてからの分析によりますが，このように後日保護者の方々からご意見を聞く方法が，心理判定の質を高めていく上で有効だと考えられた場合，学会誌に投稿することも考えております（掲載されるかどうかは審査によります）。投稿にあたっては，個人が特定されることがないよう，プライバシー情報は厳守しますので，投稿に際しアンケート結果を用いることについてのご意見をお聞かせください（どちらかに〇をつけてください）

・同意する　・同意しない

ご協力ありがとうございました

《著者紹介》

古田直樹（ふるた・なおき）

1960年生まれ
大阪教育大学大学院修士課程修了
京都国際社会福祉センター，京都教育大学非常勤講師を経て，
現在　京都市児童福祉センターに勤務
臨床心理士，臨床発達心理士
主著『意味の形成と発達――生涯発達心理学序説』（共著）ミネルヴァ書房，2000年
『知的発達障害の家族援助』（共著）金剛出版，2002年
『発達支援 発達援助――療育現場からの報告』ミネルヴァ書房，2006年
『関係性の発達臨床――子どもの〈問い〉の育ち』（共編著）ミネルヴァ書房，2014年

《解説者紹介》

田中千穂子（たなか・ちほこ）

1954年生まれ
東京都立大学大学院人文科学研究科心理学専攻博士課程修了（文学博士）
花クリニック精神神経科勤務，東京大学大学院教育学研究科教授などを経て，
現在　学習院大学文学部教授
主著『受験ストレス――挫折・ひきこもりと家族の課題』大月書店，2000年
『ひきこもりの家族関係』講談社，2001年
『心理臨床への手びき――初心者の問いに答える』東京大学出版会，2002年
『母と子のこころの相談室（改訂新版）』山王出版，2009年
『プレイセラピーへの手びき――関係の綾をどう読みとるか』日本評論社，2011年

発達障害児と保護者を支える心理アセスメント
――「その子のための支援」をめざして――

2018年4月30日　初版第1刷発行　〈検印省略〉

定価はカバーに
表示しています

著　者　古田直樹
発行者　杉田啓三
印刷者　田中雅博

発行所　株式会社　ミネルヴァ書房

607-8494　京都市山科区日ノ岡堤谷町1
電話代表（075）581-5191
振替口座　01020-0-8076

©古田直樹，2018

創栄図書印刷・清水製本

ISBN 978-4-623-08252-0
Printed in Japan

発達支援 発達援助——療育現場からの報告 古田直樹／著	A５判／208頁 本体　2200円
関係性の発達臨床——子どもの〈問い〉の育ち 山上雅子・古田直樹・松尾友久／編著	A５判／242頁 本体　2500円
からだとことばをつなぐもの 麻生　武・浜田寿美男／編著	A５判／248頁 本体　2200円
ひととひとをつなぐもの 山上雅子・浜田寿美男／編著	A５判／280頁 本体　2400円
私と他者と語りの世界——精神の生態学へ向けて 浜田寿美男／著	A５判／276頁 本体　2500円
〈子どもという自然〉と出会う ——この時代と発達をめぐる折々の記 浜田寿美男／著	四六判／220頁 本体　2000円
もういちど自閉症の世界に出会う ——「支援と関係性」を考える エンパワメント・プランニング協会／監修 浜田寿美男・村瀬　学・高岡　健／編著	A５判／290頁 本体　2400円

ミネルヴァ書房

http://www.minervashobo.co.jp/